# RAZONES
PARA LA ALEGRÍA

NUEVA ALIANZA - 166

29 ediciones en Editorial Atenas

Obras de J. L. Martín Descalzo
publicadas por Ediciones Sígueme:

- *Razones para la esperanza* (NA 165 y Bolsillo 2)
- *Razones para la alegría* (NA 166 y Bolsillo 3)
- *Razones para el amor* (NA 167 y Bolsillo 4)
- *Razones para vivir* (NA 168 y Bolsillo 5)
- *Razones desde la otra orilla* (NA 169 y Bolsillo 6)
- *Las razones de su vida* (Bolsillo 1)
- *Razones,* obra completa (NA 170)
- *Vida y misterio de Jesús de Nazaret* I, Los comienzos (NA 103)
- *Vida y misterio de Jesús de Nazaret* II, El mensaje (NA 104)
- *Vida y misterio de Jesús de Nazaret* III, La cruz y la gloria (NA 105)
- *Vida y misterio de Jesús de Nazaret,* obra completa (NA 114)
- *Apócrifo de María* (Pedal 212)
- *Diálogos de pasión* (Pedal 213)
- *Un cura se confiesa* (ED 19)

JOSÉ LUIS MARTÍN DESCALZO

# RAZONES PARA LA ALEGRÍA

*CUADERNO DE APUNTES II*

TRIGÉSIMO SEGUNDA EDICIÓN

Ediciones Sígueme
Salamanca 2002

066369

Cubierta diseñada por Christian Hugo Martín

© Ediciones Sígueme, S.A., 1999
  C/ García Tejado, 23-27 - E-37007 Salamanca / España
  www.sigueme.es

ISBN: 84-301-1367-3
Depósito legal: S. 755-2002
Impreso en España / UE
Imprime: Gráficas Varona
Polígono El Montalvo, Salamanca 2002

# ÍNDICE

| | | |
|---|---|---|
| | *Introducción* . . . . . . . . . . . . . . . . . . . . . . . . . . . . . .11 | |
| 1 | El sacramento de la sonrisa . . . . . . . . . . . . . . . . . .15 | |
| 2 | El gozo de ser hombre . . . . . . . . . . . . . . . . . . . . . .18 | |
| 3 | Aprender a ser felices . . . . . . . . . . . . . . . . . . . . . .21 | |
| 4 | Vidas perdidas . . . . . . . . . . . . . . . . . . . . . . . . . . . .24 | |
| 5 | Las riquezas baratas . . . . . . . . . . . . . . . . . . . . . . .27 | |
| 6 | Pelos largos, mente corta . . . . . . . . . . . . . . . . . . .30 | |
| 7 | Con esperanza o sin esperanza . . . . . . . . . . . . . . .33 | |
| 8 | Un puñetazo en el cráneo . . . . . . . . . . . . . . . . . . .36 | |
| 9 | Defensa de la fantasía . . . . . . . . . . . . . . . . . . . . . .39 | |
| 10 | La impotencia del amor . . . . . . . . . . . . . . . . . . . .42 | |
| 11 | Nacido para la aventura . . . . . . . . . . . . . . . . . . . .46 | |
| 12 | Elogio de la nariz . . . . . . . . . . . . . . . . . . . . . . . . . .50 | |
| 13 | Un vuelco en el corazón . . . . . . . . . . . . . . . . . . . .53 | |
| 14 | Vivir con la lengua fuera . . . . . . . . . . . . . . . . . . . .56 | |
| 15 | Ser el que somos . . . . . . . . . . . . . . . . . . . . . . . . . .59 | |
| 16 | Vivir con el freno puesto . . . . . . . . . . . . . . . . . . . .62 | |
| 17 | El alma sin desdoblar . . . . . . . . . . . . . . . . . . . . . .65 | |
| 18 | Los ojos abiertos y limpios . . . . . . . . . . . . . . . . . .68 | |
| 19 | Todos mancos . . . . . . . . . . . . . . . . . . . . . . . . . . . .72 | |
| 20 | El ocaso de la conversación . . . . . . . . . . . . . . . . .76 | |
| 21 | Alcanzar las estrellas . . . . . . . . . . . . . . . . . . . . . . .80 | |
| 22 | La paz nuestra de cada día . . . . . . . . . . . . . . . . . .84 | |
| 23 | Vivir en el presente . . . . . . . . . . . . . . . . . . . . . . . .88 | |
| 24 | Pecado de amor . . . . . . . . . . . . . . . . . . . . . . . . . . .92 | |
| 25 | Del pasotismo como una forma de suicidio . . . . . .95 | |

| | | |
|---|---|---|
| 26 | Un mundo de sordos voluntarios | .99 |
| 27 | Dar vueltas a la noria | 103 |
| 28 | La victoria silenciosa | 106 |
| 29 | El desorden de factores | 110 |
| 30 | La generación del bostezo | 113 |
| 31 | Una fábrica de monstruos educadísimos | 116 |
| 32 | Constructores de puentes | 119 |
| 33 | Condenados a la soledad | 122 |
| 34 | La soledad sonora | 125 |
| 35 | La alternativa | 128 |
| 36 | La cruz y el bostezo | 132 |
| 37 | ¡Soltad a Barrabás! | 136 |
| 38 | Ante el Cristo muerto de Holbein | 141 |
| 39 | Dedicarse a los hijos | 145 |
| 40 | El rostro y la máscara | 148 |
| 41 | Quien se asombra, reinará | 151 |
| 42 | Caperucita violada | 154 |
| 43 | Las dimensiones del corazón | 157 |
| 44 | La cara soleada | 160 |
| 45 | Adónde vamos a parar | 163 |
| 46 | Las tres opciones | 166 |
| 47 | La tierra sagrada del dolor | 169 |
| 48 | La alegría está en el segundo piso | 172 |
| 49 | La mejor parte | 175 |
| 50 | La herida del tiempo | 178 |
| 51 | La brisa del cementerio | 181 |
| 52 | Los domingos del alma | 184 |
| 53 | La trampa del optimismo | 187 |
| 54 | Los maestros de la esperanza | 190 |
| 55 | La minirrevolución | 193 |
| 56 | La familia bien, gracias | 196 |
| 57 | Las estrellas calientes | 199 |
| 58 | Familias felices | 202 |
| 59 | La flecha y el arco | 205 |
| 60 | La flecha sin blanco | 208 |
| 61 | La verdad peligrosa | 211 |
| 62 | La estrella de la vocación | 214 |
| 63 | El año de «tu» juventud | 217 |
| 64 | El mundo es ruidoso y mudo | 220 |

| | | |
|---|---|---|
| 65 | El frenesí del bien | .223 |
| 66 | Lo que vale es lo de dentro | .226 |
| 67 | La fantasía como fuga | .229 |
| 68 | La felicidad está cuesta arriba | .232 |
| 69 | Historia de mi yuca | .235 |
| 70 | Mientras cae la nieve | .238 |
| 71 | Pascua: camino de la luz | .242 |
| | Via lucis - camino de la luz | .250 |

# INTRODUCCIÓN

*Me pregunto si la mañana de hoy es, precisamente, la ideal para escribir el prólogo de un libro que se titula* Razones para la alegría. *Anteayer me llamó el editor para meterme prisas, diciéndome que, si quiero llegar con él a la Feria del Libro, tendré que enviarle los originales esta misma semana.* «Tranquilo, tranquilo, le he dicho. El libro está listo, sólo me falta el prólogo y mañana mismo lo remato».

*Pero esta mañana ha ocurrido «algo». En la rutinaria revisión que cada dos meses hacen a mi corazón y mis riñones, se los han encontrado más pachuchos de lo que yo me imaginaba. Y me han anunciado que mañana o pasado entro en diálisis.*

*Al llegar a casa me he encontrado de pronto como vacío. ¿Me ponía a llorar? ¿Me dedicaba a compadecerme? Me ha parecido más lógico intentar hacer algo. Pero ¿cómo escribir un prólogo sobre la alegría cuando acaba de derrumbársete un trozo de alma, cuando aún estás intentando tragarte la noticia de que en lo que te resta de vida permanecerás cinco horas, un día sí y otro no, atado a una máquina?*

*Me detengo. Y pienso que hoy es el día EXACTO para hablar de la alegría. Porque el gozo que van a pregonar estas páginas que siguen no es el que se experimenta porque las cosas vayan bien, sino el que no cesa de brotar «a pesar de que» las cosas vayan cuesta arriba (no quiero decir mal.) Éste es, me parece, el sentido*

*de la bienaventuranza cristiana: no se promete en ella la felicidad a los pobres porque vayan a dejar de serlo, ni a los que tienen hambre porque ya está llegando alguien con un bocadillo. El gozo que allí se promete es aquel en el que las razones para la alegría son más fuertes que las razones para la tristeza, no el gozo que proporcionan la morfina o la siesta.*
*A esa alegría –os lo juro– no estoy dispuesto a renunciar.*
*Bastaría la acogida que estas cosillas mías están teniendo para sostenerme. ¿Sabéis? Es asombroso cuánto amor gira sobre el mundo sin que los tontos lo percibamos, cuánta gente nos quiere sin que lo descubramos, en qué misteriosos lugares puede germinar nuestra palabra sin que lleguemos a enterarnos.*
*Hace tres años ya empecé este «cuaderno de apuntes» en ABC, y desde entonces no he cesado de sentirme acompañado en mi aventura.* Razones para la esperanza, *que recogió la primera parte de estas notas, tuvo un éxito –para mí asombroso– que le hace andar ya por su tercera edición en pocos meses. Este segundo hermano prolonga mi testimonio de fe en la vida. En la vida con minúsculas y en la gran Vida con mayúscula. Ojalá sea útil para alguien. Ojalá caliente algún corazón. Ojalá ayude a alguno a recuperar la fe en su propia alegría.*
*P. S.- Una nueva razón para la alegría: cuarenta y ocho horas después de escrito este prologuillo –en el que yo aprovechaba mi*

*enfermedad para pavonearme un poco de héroe– el médico me concede un mes más de «amnistía». Me alegra, claro. Y –después de reírme un poquito de mi melodramática introducción– me dispongo a robarle a la enfermedad un mes. O dos. O todos los que se deje. Y añado esta posdata para tranquilidad de mis amigos.*

# 1
# EL SACRAMENTO DE LA SONRISA

Si yo tuviera que pedirle a Dios un don, un solo don, un regalo celeste, le pediría, creo que sin dudarlo, que me concediera el supremo arte de la sonrisa. Es lo que más envidio en algunas personas. Es, me parece, la cima de las expresiones humanas.

Hay, ya lo sé, sonrisas mentirosas, irónicas, despectivas y hasta esas que en el teatro romántico llamaban «risas sardónicas». Son esas de las que Shakespeare decía en una de sus comedias que «se puede matar con una sonrisa». Pero no es de ellas de las que estoy hablando. Es triste que hasta la sonrisa pueda pudrirse. Pero no vale la pena detenerse a hablar de la podredumbre.

Hablo más bien de las que surgen de un alma iluminada, esas que son como la crestería de un relámpago en la noche, como lo que sentimos al ver correr a un corzo, como lo que produce en los oídos el correr del agua de una fuente en un bosque solitario, esas que milagrosamente vemos surgir en el rostro de un niño de ocho meses y que algunos humanos –¡poquísimos!– consiguen conservar a lo largo de toda su vida.

Me parece que esa sonrisa es una de las pocas cosas que Adán y Eva lograron sacar del paraíso cuando les expulsaron y por eso cuando vemos un rostro que sabe sonreír tenemos la impresión de haber retornado por unos segundos al paraíso. Lo dice estupendamente Rosales cuando escribe que «es cierto que te puedes perder en alguna sonrisa como dentro de un bosque y es cierto que, tal vez, puedas vivir años y años sin regresar de una sonrisa». Debe de ser, por ello, muy fácil enamorarse de gentes o personas que posean una buena sonrisa. Y ¡qué afortunados quienes tienen un ser amado en cuyo rostro aparece con frecuencia ese fulgor maravilloso!

Pero la gran pregunta es, me parece, cómo se consigue una sonrisa. ¿Es un puro don del cielo? ¿O se construye como una casa? Yo supongo que una mezcla de las dos cosas, pero con un predominio de la segunda. Una persona hermosa, un rostro limpio y puro tiene ya andado un buen camino para lograr una sonrisa fulgidora. Pero todos conocemos viejitos y viejitas con sonrisas fuera de serie. Tal vez las sonrisas mejores que yo haya conocido jamás las encontré precisamente en rostros de monjas ancianas: la madre Teresa de Calcuta y otras muchas menos conocidas.

Por eso yo diría que una buena sonrisa es más un arte que una herencia. Que es algo que hay que construir, pacientemente, laboriosamente.

¿Con qué? Con equilibrio interior, con paz en el alma, con un amor sin fronteras. La gente que ama mucho sonríe fácilmente. Porque la sonrisa es, ante todo, una gran fidelidad interior a sí mismos. Un amargado jamás sabrá sonreír. Menos un orgulloso.

Un arte que hay que practicar terca y constantemente. No haciendo muecas ante un espejo, porque el fruto de ese tipo de ensayos es la máscara y no la sonrisa. Aprender en la vida, dejando que la alegría interior vaya iluminando todo cuanto a diario nos ocurre e imponiendo a cada una de nuestras palabras la obligación de no llegar a la boca sin haberse chapuzado antes en la sonrisa, lo mismo que obligamos a los niños a ducharse antes de salir de casa por la mañana.

Esto lo aprendí yo de un viejo profesor mío de oratoria. Un día nos dio la mejor de sus lecciones: fue cuando explicó que si teníamos que decir en un sermón o una conferencia algo desagradable para los oyentes, que no dejáramos de hacerlo, pero que nos obligáramos a nosotros mismos a decir todo lo desagradable sonriendo.

Aquel día aprendí yo algo que me ha sido infinitamente útil: todo puede decirse. No hay verdades prohibidas. Lo que debe estar prohibido es decir la verdad con amargura, con afanes de herir. Cuando una sola de nuestras frases molesta a los oyentes (o lectores) no es porque ellos sean egoístas y no les guste oír la verdad, sino porque nosotros no hemos sabido decirla, porque no hemos tenido el amor suficiente a nuestro público como para pensar siete veces en la manera en la que les diríamos esa agria verdad, tal y como pensamos la manera de decir a un amigo que ha muerto su madre. La receta de poner a todos nuestros cócteles de palabras unas gotitas de humor sonriente suele ser infalible.

Y es que en toda sonrisa hay algo de transparencia de Dios, de la gran paz. Por eso me he atrevido a titular este comentario hablando de la sonrisa como de un sacramento. Porque es el signo visible de que nuestra alma está abierta de par en par.

## 2

# EL GOZO DE SER HOMBRE

De todas las oraciones que se han rezado en la historia, la más ridícula y grotesca me parece aquella del fariseo que, según cuenta el Evangelio, se volvía a Dios para decirle: «Te doy gracias, Señor, porque no soy como los demás hombres». ¡Y pensar que yo le doy gracias precisamente porque soy como los demás hombres! ¡Pensar que yo me conformaría con ser un buen hombre, una buena persona, con sacarle suficiente jugo a lo que soy! ¡Pensar que a mí me asustaría ser un ángel, me aterraría ser un superhombre, me avergonzaría ser un coloso!

Merton ha escrito un párrafo que yo rubricaría sin vacilar: «Ser miembro de la raza humana es un glorioso destino, aunque sea una raza dedicada a muchos absurdos y aunque comete terribles errores: a pesar de todo, el mismo Dios se glorificó al hacerse miembro de la raza humana. ¡Miembro de la raza humana! ¡Pensar que el darse cuenta de algo tan vulgar sería de repente como la noticia de que a uno le ha tocado el gordo en una lotería cósmica! Pero no hay modo de decirle a la gente que anda por ahí resplandeciendo como el sol. Si lo entendieran, el problema sería que se postrarían a adorarse los unos a los otros». Un santo padre lo dijo mucho más breve y sencillamente: «La gloria de Dios es el hombre viviente».

Pero ¿quién entiende esto? ¿Cómo explicarle a la gente que su alma es una lotería, que son seres creados en el gozo y para el gozo?

El otro día leía yo la *Ética* de Bonhoeffer y me llamaba la atención su insistencia en el hecho de que Dios al crear al hombre puso en casi todas sus acciones, además de su fin práctico, una ración de gozo. Los hombres comen y beben para subsistir, pero a este fin fundamental Dios añadió el que comer y beber fueran cosas agradables y gozosas. El hombre se viste para cubrirse del frío, pero la inteligencia humana ha logrado que el vestido sea, además, un adorno del cuerpo, una manera de volver gozoso su aspecto visible. El juego se hizo para el descanso y el reposo, pero también se volvió exultante y gozoso. La sexualidad es una vía para la reproducción y la conservación de la especie humana, pero también a esto Dios y la naturaleza le añadieron su ración de gozo. Nuestras casas no son sólo un lugar donde refugiarse del frío y defenderse de la naturaleza, son también lugares para saborear el gozo de la amistad y de la intimidad.

Teóricamente, Dios pudo hacer todo esto para sus solos fines prácticos. Pero quiso añadir a cada una de nuestras funciones humanas una supercapacidad de alegría. ¿Y qué será su cielo sino una plenitud de ese entusiasmo?

A mí me desconcierta la gente que parece vivir «para» la tristeza. Y mucho más la gente que imagina a Dios como un entenebrecedor de la existencia. No hay, no puede haber verdadera religiosidad sin alegría. Los santos son el más alto testimonio de existencias iluminadas. «Un santo triste es un triste santo», decía santa Teresa. Que sabía un rato de estas cosas.

Claro que la alegría verdadera nunca es barata. Y ciertas juergas carnavalescas no logran ocultar el ramalazo de tristeza que llevan en sus entrañas y la soledad a la que conducen. Muchos de sus fantoches se creen alegres y son simplemente cómicos y bufonescos.

Ser hombre es mucho más. Y, sobre todo, ser hombre en compañía. A mí, lo confieso, me suelen entristecer las multitudes (porque en ellas aparece más la tropa animal que la humanidad), pero me encanta el grupo de amigos, el hablar en voz baja y reír sin estrépito, el poder sacar a flote las almas, el penetrar a través de la palabra en la profundidad de las personas. Decía un clásico latino que «cada vez que estuve entre los hombres, volví menos hombre». Yo tengo más suerte: cada vez que me encuentro con amigos salgo reconfortado y admirado, feliz de ser uno como ellos, de vivir entre ellos.

También me gusta la soledad, claro, pero no el aislamiento. Si estoy solo es o para estar con Dios o para encontrarme con mis mejores amigos: los hombres que escribieron grandes libros o música profunda. Es una soledad muy acompañada.

Por eso, cuando digo que me alegro de ser «como todos» no me estoy invitando al adocenamiento, estoy invitándome a vivir en plenitud lo que soy, exhortándome a «ser» y no sólo a «vivir», recordándome a mí mismo que hay mucho que beber en el pozo del alma.

Sí, tal vez ésta sea la clave de la alegría: descubrir que tenemos alma, explorar las dimensiones del espíritu, atreverse a creer que no es que la vida sea aburrida, sino que los que somos aburridos somos nosotros, que nos pasamos la vida como millonarios que llorasen porque han perdido diez céntimos y han olvidado el tesoro que tienen en la bodega de su condición humana.

## 3
## APRENDER A SER FELICES

Me parece que la primera cosa que tendríamos que enseñar a todo hombre que llega a la adolescencia es que los humanos no nacemos felices ni infelices, sino que aprendemos a ser una cosa u otra y que, en una gran parte, depende de nuestra elección el que nos llegue la felicidad o la desgracia. Que no es cierto, como muchos piensan, que la dicha pueda encontrarse como se encuentra por la calle una moneda o que pueda tocar como una lotería, sino que es algo que se construye, ladrillo a ladrillo, como una casa.

Habría también que enseñarles que la felicidad nunca es completa en este mundo, pero que, aun así, hay raciones más que suficientes de alegría para llenar una vida de jugo y de entusiasmo y que una de las claves está precisamente en no renunciar o ignorar los trozos de felicidad que poseemos por pasarse la vida soñando o esperando la felicidad entera.

Sería también necesario decirles que no hay «recetas» para la felicidad, porque, en primer lugar, no hay una sola, sino muchas felicidades, y que cada hombre debe construir la suya, que puede ser muy diferente de la de sus vecinos. Y porque, en segundo lugar, una de las claves para ser felices está en descubrir «qué» clase de felicidad es la mía propia.

Añadir después que, aunque no haya recetas infalibles, sí hay una serie de caminos por los que, con certeza, se puede caminar hacia ella. A mí se me ocurren, así de repente, unos cuantos:

– Valorar y reforzar las fuerzas positivas de nuestra alma. Descubrir y disfrutar de todo lo bueno que tenemos. No tener que esperar a encontrarnos con un ciego para enterarnos de lo hermosos e importantes que son nuestros ojos. No necesitar conocer a un sordo para descubrir la maravilla de oír. Sacar jugo al gozo de que nuestras manos se muevan sin que sea preciso para este descubrimiento ver las manos muertas de un paralítico.

– Asumir después serenamente las partes negativas o deficitarias de nuestra existencia. No encerrarnos masoquistamente en nuestros dolores. No magnificar las pequeñas cosas que nos faltan. No sufrir por temores o sueños de posibles desgracias que probablemente nunca nos llegarán.

– Vivir abiertos hacia el prójimo. Pensar que es preferible que nos engañen cuatro o cinco veces en la vida que pasarnos la vida desconfiando de los demás. Tratar de comprenderles y de aceptarles tal y como son, distintos a nosotros. Pero buscar también en todos más lo que nos une que lo que nos separa, más aquello en lo que coincidimos que en lo que discrepamos. Ceder siempre que no se trate de valores esenciales. No confundir los valores esenciales con nuestro egoísmo.

– Tener un gran ideal, algo que centre nuestra existencia y hacia lo que dirigir lo mejor de nuestras energías. Caminar hacia él incesantemente, aunque sea con algunos retrocesos. Aceptar la lenta maduración de todas las cosas, comenzando por nuestra propia alma. Aspirar siempre a más, pero no a demasiado más. Dar cada día un paso. No confiar en los golpes de la fortuna.

– Creer descaradamente en el bien. Tener confianza en que a la larga –y a veces muy a la larga– terminará siempre por imponerse. No angustiarse si otros avanzan aparentemente más deprisa por caminos torcidos. Creer en la también lenta eficacia del amor. Saber esperar.

– En el amor, preocuparse más por amar que por ser amados. Tener el alma siempre joven y, por tanto, siempre abierta a nuevas experiencias. Estar siempre dispuestos a revisar nuestras propias ideas, pero no cambiar fácilmente de ellas. Decidir no morirse mientras estemos vivos.

– Elegir, si se puede, un trabajo que nos guste. Y si esto es imposible, tratar de amar el trabajo que tenemos, encontrando en él sus aspectos positivos.

– Revisar constantemente nuestras escalas de valores. Cuidar de que el dinero no se apodere de nuestro corazón, pues es un ídolo difícil de arrancar de él cuando nos ha hecho sus esclavos. Descubrir que la amistad, la belleza de la naturaleza, los placeres artísticos y muchos otros valores son infinitamente más rentables que lo crematístico.

– Descubrir que Dios es alegre, que una religiosidad que atenaza o estrecha el alma no puede ser la verdadera, porque Dios o es el Dios de la vida o es un ídolo.

– Procurar sonreír con ganas o sin ellas. Estar seguros de que el hombre es capaz de superar muchos dolores, mucho más de lo que el mismo hombre sospecha.

La lista podría ser más larga. Pero creo que, tal vez, esas pocas lecciones podrían servir para iniciar el estudio de la asignatura más importante de nuestra carrera de hombres: la construcción de la felicidad.

# 4

# VIDAS PERDIDAS

La hija de unos amigos míos ha dicho a sus padres el otro día que «no le gustaría que su hermano pequeño fuese cura, porque los curas y las monjas siempre le han parecido vidas perdidas». Y yo me he quedado un poco desconcertado porque, la verdad, a mis cincuenta y tres años no tenía la impresión de estar perdiendo mi vida. De todos modos, la frase me intriga y me tiene desazonado durante todo el día. ¿Cómo se gana? ¿Cómo se pierde una vida? ¿Acaso sólo se tiene fruto dejando hijos de la carne en este mundo? ¿No sirve una vida que va dejando en otros algunos pedacitos de alma?

Pero no quisiera esquivar el problema y buscarle fáciles escapatorias. Reconozco que esa pregunta –¿de qué está sirviendo mi vida?– deberíamos planteárnosla, por obligación, todos los seres humanos al menos una vez cada seis meses. Porque esto de vivir es demasiado hermoso como para que pueda escapársenos como arena entre los dedos.

Dicen, por ejemplo, que una vida se llena teniendo un hijo, plantando un árbol y escribiendo un libro. Bueno, yo conozco personas que no hicieron ninguna de esas tres cosas y que han vivido una vida irradiante. Y también conozco quienes tuvieron hijos, plantaron árboles y escribieron libros y difícilmente podrían mostrarse realizados en ninguna de las tres cosas. Porque hay libros que tienen muchas más palabras que ideas; hijos que de sus padres parecen haber recibido solamente la carne; y árboles que escasamente sí producen sombra.

Tampoco me parece que el fruto de una vida dependa mucho del número de años que se vivan. Y espero que aquí me perdonen mis lectores si hablo de nuevo de mí. Porque últimamente éste es un problema que está obsesionándome. Desde que los médicos me mandaron que «parase un poco el carro», no dejo de preguntarme si hago bien cada vez que me niego a un nuevo trabajo o una invitación más. ¿Es preferible vivir algunos años más viviendo a media máquina? ¿O el ideal es desgastarse sin preguntarse cuántos años durará el cacharro?

Yo siempre he sido un pésimo ahorrador. De dinero y de vida. Tal vez porque veo que en el mundo hay un terrible afán por regatear esfuerzos, de afanes por dejar para mañana lo que a uno no le obligan a hacer hoy. Hay gente –me parece– que se va a morir sin llegar a estrenarse. Se cuidan. Se ahorran. Se «conservan». Van a llegar a la otra vida como un abrigo siempre guardado en el ropero.

Hace años leí una oración de Luis Espinal (el jesuita a quien asesinaron en Bolivia en 1980) que me impresionó: «Pasan los años y, al mirar atrás, vemos que nuestra vida ha sido estéril. No nos la hemos pasado haciendo el bien. No hemos mejorado el mundo que nos legaron. No vamos a dejar huella. Hemos sido prudentes y nos hemos cuidado. Pero ¿para qué? Nuestro único ideal no puede ser el llegar a viejos. Estamos ahorrando la vida, por egoísmo, por cobardía. Sería terrible malgastar ese tesoro de amor que Dios nos ha dado».

Sería terrible, sí, llegar al final con el alma impoluta, con el tesoro enterito, pero sin emplear. Creo que fue Péguy quien se reía de los que nunca se mancharon las manos... porque no tienen manos. O porque jamás las usaron para nada.

Es curioso: en este momento me doy cuenta de por qué me ha dolido tanto la frase de la hija de mis amigos. Siento cómo surge en mí un recuerdo que creía dormido. Era yo seminarista y vi –¿hace ya cuántos años?– aquella vieja película titulada *Balarrasa* (que he revisado hace poco y me pareció malísima), que, vista con mis veinte años, resultó decisiva para mi vida en aquella escena en la que un personaje, muriéndose, se aterraba ante la idea de hacerlo «con las manos vacías». Esa imagen me persiguió durante años. Y pensé que ningún infierno peor que el de la esterilidad. Fuera lo que fuera de mi vida, yo tendría que dejar aquí algo cuando me fuera, aun cuando se tratara solamente de una gota de esperanza o alegría en el corazón de un desconocido.

Pienso ahora en aquel verso de Rilke que, como supremo piropo a la Virgen, dice que el día de la Asunción quedó en el mundo «una dulzura menos». O pienso en Juan XXIII, de quien, el día de su muerte, dijo el cardenal Suenens que «dejaba el mundo más habitable que cuando él llegó». Pienso que es muy poco importante el saber si dentro de un siglo se acordará alguien de nosotros –seguramente no–; porque lo único que importa es que alguna semilla de nuestras vidas esté germinando dentro de alguien (incluso si ni él ni nosotros lo sabemos). Porque entonces nuestras vidas habrán sido ganadas.

## 5

## LAS RIQUEZAS BARATAS

Supongo que a estas alturas ya nadie duda de que vamos hacia un mundo de estrecheces. Las vacas gordas pasaron a la historia y parece que para todos llegó el tiempo de apretarse el cinturón (aunque los pobres se quedaran sin agujeros que apretar hace mucho tiempo). Primero les llegó el agua al cuello a las clases medias; hoy, hasta los más derrochones se ven obligados a mirar la peseta.

¿Es esto una desgracia? Lo es, desde luego, para cuantos pasan hambre. Pero yo me pregunto si unos ciertos grados de estrechez no serán un don para el mundo y no nos empujarán a descubrir todas esas otras fortunas baratísimas que hoy tenemos medio olvidadas.

Porque –aunque de esto apenas se hable– hay riquezas carísimas y riquezas baratas. Y sería dramático que mientras la gente se pasa la vida llorando por no poder alcanzar los bienes caros, se dejasen de cultivar los que tenemos al alcance de la mano.

La más grande y barata de las riquezas es, por ejemplo, la amistad. Un buen amigo vale más que una mina de oro. Sentirte comprendido y acompañado es mayor capital que dar la vuelta al mundo. Un corazón abierto es espectáculo más apasionante que las cataratas del Niágara. Alguien que nos ayude a sonreír cuando estamos tristes es más sólido que mil acciones en bolsa. ¡Y qué barato sale tener un buen amigo! Cuesta menos que una caña de cerveza, menos que una barra de pan. ¡Y no es menos sabroso! Lo pueden tener los pobres y los ricos y casi les es más fácil a los primeros. Hay amigos en todas partes, de todas las edades, de mil ideologías, de muy diversos niveles culturales. Quién sabe si cuando todos vayamos siendo pobres descubriremos mejor esa propiedad milagrosa de la amistad con la que no contábamos.

También se puede ser gratuitamente millonarios de sol, de aire limpio, de paisajes. Hace falta dinero para hacer un safari por África Central, pero no hace falta una sola moneda para acariciar la cabeza de un perro y ver cómo levanta hacia nosotros sus ojos agradecidos. ¿Recuerdan a aquel grupo de pobres que en *Milagro en Milán* se sentaban cada tarde a disfrutar del maravilloso y baratísimo espectáculo de una puesta de sol? Jamás compañía teatral alguna alcanzó mayor belleza, nunca pintor alguno mezcló mejor los colores. ¿Y quién podría asegurar que una cena de gala en el Waldorf Astoria produce mayor gozo que una tarde de primavera bajo la sombra de un sauce?

Y el placer milagroso y baratísimo de la música. Lo que más agradezco yo a nuestra civilización es esta posibilidad de que un pequeño aparato de poco más de medio kilo de peso te conceda algo que hubiera enloquecido a Beethoven: poder disfrutar de todas las orquestas del mundo con sólo ir moviendo suavemente el mando de una aguja. Lo que en el siglo XVIII no podían permitirse ni los emperadores, lo tengo yo ahora a diario. ¿Y qué mina de diamantes me haría tan fabulosamente rico como el poder tener en mi oído y en mi alma el concierto de violoncello de Schumann o las vísperas de Monteverdi? No cambiaría yo, verdaderamente, un pequeño transistor por un palacio en Arabia. Porque aun cuando la charlatanería está invadiendo a no pocas emisoras, aún queda casi siempre la posibilidad de encontrar entre ellas la mina de diamantes de una buena música.

Y ahora pido a mis lectores que griten unánimes un ¡ooooh! larguísimo porque aquí llega el superpremio baratísimo de la noche: su majestad el libro, con cuarenta caballos, carrocería en oro vivo, acelerador del alma, ruedas irrompibles, cristales de aumento para entender la vida, motor multiplicador de la existencia. Yo me imagino a veces a mi buen amigo Ibáñez Serrador poniendo entre sus premios media docena de libros de poesía para ver con qué ¡uf! se sentían liberados los concursantes que de tal nimiedad se librasen. Y, sin embargo, ¿desde cuándo un coche, un apartamento, una vuelta al mundo, un abrigo de visón pueden producir la centésima de placer verdaderamente humano que aportaría un solo buen poema?

Nos han engañado, amigos. Nos han estafado acostumbrándonos a creer que es el estiércol del dinero y del lujo la verdadera moneda de la felicidad. Nos han empobrecido diciéndonos que el mundo sería menos mundo cuando estuvieran más flacas nuestras cuentas en el banco. Nos han conducido a equivocarnos de piso, a dejar en las arcas del olvido las riquezas de primera, creyendo que existen sólo las riquezas digestibles. Hay tesoros baratos y casi nadie lo sabe. Hay multimillonarios que gastan la vida en llorar por creerse pobres. Y yo me pregunto si un poco de estrechez no serviría para abrirnos los ojos. Y, la verdad, no me preocuparía que en el mundo que viene tuviéramos que apretarnos un poco el cinto a cambio de que aprendiéramos a estirar el alma.

# 6
# PELOS LARGOS, MENTE CORTA

Me habría gustado que estuvieran ustedes conmigo en Roma la semana pasada presenciando la concentración juvenil que reunió en torno al Papa nada menos que trescientos mil jóvenes. Y espero que ustedes no se escandalicen demasiado si les digo que me fijé más en los muchachos que en el Papa, aunque sólo sea porque a Juan Pablo II le he visto cien veces y, en cambio, aquella masa juvenil era para mí algo absolutamente inédito.

La primera conclusión que saqué de mi estudio es una que ya conocía hace tiempo: que jamás se debe juzgar a nadie por sus pintas. La de los concentrados en Roma era lamentable. Sucios, cansados, despreocupados por su aliño, vestidos a la buena de Dios o del diablo, dulcemente gamberreantes. Cantaban bastante mal y guitarreaban peor. Y lo que cantaban era más deleznable musicalmente que sus voces. Sólo el brillo de los ojos les salvaba. ¡Estaban, caramba, vivos! Y en un mundo de vegetantes eso me parecía el milagro de los milagros. A aquellos chicos se les notaba que tenían ganas de creer en algo y luchar por algo. Creían en la vida y no en la muerte. Les fastidiaba –como a mí– este mundo en que vivimos, pero creían que gritar contra las cosas nunca ha cambiado nada y que sólo luchando por mejorar un rincón de esta tierra habremos hecho algo por ella. Me gustaron. Me gustaron «a pesar de» sus pelos.

Tengo la impresión de que en nuestro siglo la mayor parte de la gente basa sus ideas en la primera impresión externa de las personas. Y tal vez por ello a los jóvenes les encante enfurecer a los mayores llevando atuendos y vestidos que seguramente también a los muchachos les repugnan.

Tal vez cambiaría todo el día en que nos pusiéramos de acuerdo en que lo que cuenta en la vida no es la longitud de los pelos, sino la longitud de la mente. Y que lo decisivo es saber si uno tiene limpio el corazón y no si lleva desgastados los pantalones.

Recuerdo que, cuando yo era curilla recién salido, muchos compañeros míos se enfurecían contra el tradicional sombrero clerical, la llamada «teja», que los reglamentos nos obligaban a llevar. A mí la teja siempre me pareció espantosamente fea, aunque quizá no tanto como el bonete. Pero creí, al mismo tiempo, que había que luchar mucho más por lo que teníamos dentro de la cabeza que por lo que llevábamos encima de ella. Y empecé a temer algo que luego se ha producido: que mucha gente se creyó moderna porque adoptaba vestidos de última hora, mientras mantenían la cabeza atada a los pesebres del pasado más pasado.

Por eso me da pena la gente que repudia a los muchachos porque no le gustan sus modales, lo mismo que me dan pena los muchachos que creen que son jóvenes sólo porque son desgarbados y gamberretes. La juventud es mucho más: es pasión, esperanza, audacia, autoexigencia, aceptación del riesgo, elección de las cuestas arriba. Y luz en la mirada.

El tamaño de los pelos cambia en cada curva de la historia. Un amigo mío cura decidió un día dejarse barba y bigote, y se topó con el escándalo de su madre, a quien tales adminículos parecían un pecado gordísimo en un sacerdote. «¡Pues también el Sagrado Corazón lleva barba y bigote!», replicó mi amigo. Y el argumento desarmó a su madre, a quien, desde ese momento, empezaron a parecerle respetables los barbudos.

La verdad es que resulta muy poco preocupante el saber si Cervantes usaba gorguera o si Shakespeare tenía largas melenas rizadas. Queda la prosa del primero y los sonetos y dramas del segundo. Lo malo es la gente que en lugar de escribir *Hamlet* se cree realizada por llevar remiendos de color en la chaqueta. Importa un pimiento si la gente dice «chipén», «macanudo» o «guay». Lo que importa es que sepan decir algo más, pensar algo más, vivir algo más.

El gran diablo es que muchos de estos disfraces de lenguaje, vestidos o peinados son simples coartadas para gentes que creen que uno puede «realizarse» sin luchar y sin luchar corajuda, terca y aburridamente. Tener personalidad es más difícil que tener un papá que te compre una moto. Y yo nunca supe de nadie que consiguiera la personalidad cuesta abajo. Los viejos burgueses pensaban que lo importante es «lo que se tiene». Los dulces cretinos creen que lo que cuenta es «lo que se lleva». Los hombres de veras saben que lo que vale es «lo que se es». Y un globo lleno de viento será siempre un globo vacío, tanto si se le viste de melenas como si se le cubre de andrajos. Mientras que una cabeza repleta poco importa cómo se cubre.

# CON ESPERANZA O SIN ESPERANZA

Creo haber repetido muchas veces en las páginas de este «cuaderno» que, en mi opinión, la gran crisis que atraviesa nuestro mundo no es tanto, como suele decirse, una crisis de fe o de moral cuanto de esperanza. Tal vez por ello me he esforzado desde hace ya dos años y medio en estos comentarios por hablar de esas vertientes esperanzadas del mundo de las que nadie habla.

Y me llega hoy, precisamente, la carta de una amiga de Valencia que, como otras tantas, me dice que «su único pecado es la desesperanza». ¿Qué moral –se pregunta– «puede inculcar a sus hijos que se hacen mayores al lado de la violencia y de la permisividad total? ¿Cómo puede dar lo que no tiene? Puede dar amor, pero el amor desesperanzado es menos amor».

No sólo esta señora, sino millones de personas podrían firmar estas líneas. Te levantas cada mañana con ganas de luchar y difundir alegrías y pronto viene el mundo con la rebaja y un nuevo atentado, una más cruel violencia te obliga a preguntarte si no habremos regresado ya a las cavernas, si el mundo tiene todavía salvación, si no es cierto que la audacia, la desfachatez o la crueldad de unos pocos es capaz de arruinar el esfuerzo constructivo de generaciones y generaciones que lucharon por mejorar al hombre.

¿Y qué hacer? ¿Tirar la toalla y hundirnos en el pesimismo y la desesperanza? Espero que se me siga permitiendo continuar gritando que «en el hombre hay muchos más motivos de admiración que de desprecio», que en este tiempo brilla mucho más el mal que el bien, porque «la hierba crece de noche» o que, incluso si viviéramos en un mundo absolutamente cerrado a la esperanza, nuestro deber de seguir luchando por mejorarlo seguiría siendo el mismo.

Quisiera seguir hablando, sobre todo, de la «pequeña esperanza». Porque siempre he temido que el mayor enemigo de la esperanza fuera precisamente la ilusión y la ingenuidad. Y que en ningún caso en éste se hiciera verdadera la afirmación de que «lo mejor es enemigo de lo bueno».

Porque muchos abandonan su lucha por la esperanza simplemente porque no pueden lograrla al ciento por ciento. La seguirían, en cambio, si aceptasen humildemente construir cada día una chispita de esperanza, un uno por ciento o un medio por ciento de mejoría de la realidad.

Hace tiempo que yo convertí en uno de los lemas de mi vida el «realismo pequeño» de santa Teresa. Recuerdo, por ejemplo, aquella ocasión en la que la santa de Ávila se entera de la catástrofe que para la Iglesia ha supuesto la reforma luterana. Al conocerlo no se pone Teresa a gritar contra el mundo, no condena a nadie, no clama que todo está perdido, no sueña volver el mundo al revés. Comenta, sencillamente: «Determiné hacer eso poquito que yo puedo y es en mí, que es seguir los consejos evangélicos con toda perfección que yo pudiese y procurar que estas poquitas que están aquí hiciesen lo mismo».

Esa es la clave: «Eso poquito que yo puedo y es en mí». Nadie nos pide que cambiemos el mundo. Lo que de nosotros se espera es que aportemos «ese poquito» que podemos, no más.

Por eso yo creo que contra la desesperanza no hay más que una medicina: la decisión y la tozudez. Ahora que ya estamos todos de acuerdo en que el mundo es un asco, vamos a ver si cada uno barre un poquito su propio corazón y los tres o cuatro corazones que hay a su lado. El día en que nos muramos, tal vez el mundo siga siendo un asco, pero lo será, gracias a nosotros, un poco menos. Contra la desesperanza no hay más que un tratamiento: hacerse menos preguntas y trabajar más.

Pero ¿cómo trabajar sin esperanza? ¿El amor desesperanzado no es menos amor, no será un amor amargo? Si amásemos lo suficiente sabríamos dos cosas: que todo amor es, a la corta o a la larga, invencible. Y que, en todo caso, el que ama de veras no se pregunta nunca el fruto que va a conseguir amando. El verdadero amante ama porque ama, no «porque» espere algo a cambio. ¡Buenos estaríamos los hombres si Dios hubiera amado solamente a quienes harían fructificar su amor!

Mejorar el mundo, ayudar al hombre es nuestro deber. Y debemos marchar hacia él, con luz o a ciegas. Repitiendo el «porque aunque lo que espero no esperara, / lo mismo que te quiero te quisiera».

Pero es que, además, sabemos que «poquito a poquito» irá avanzando el mundo. Y que nosotros no podremos abolir el odio o la violencia. Pero que nadie podrá impedirnos barrer la puerta de nuestro corazón.

# 8

# UN PUÑETAZO EN EL CRÁNEO

Leyendo el otro día una biografía de Kafka me tropecé con una carta que el escritor checo dirigiera a Oskar Pollak, uno de sus amigos, en la que encontré la expresión perfecta de algo que hace días rondaba mi cabeza. Habla Kafka de la función de la literatura y dice: «Si el libro que leemos no nos despierta de un puñetazo en el cráneo, ¿para qué leerlo? ¿Sólo para que nos haga felices? ¡Por Dios: lo seríamos igual si no contáramos con ningún libro! Por el contrario, necesitamos libros que actúen sobre nosotros como una desgracia que nos afectara muy de cerca, como la muerte de alguien a quien amáramos más que a nosotros mismos, como si fuéramos condenados a vivir en los bosques lejos de todos los hombres, como un suicidio».

Estoy plenamente de acuerdo. Y lo estoy muy especialmente en un tiempo en que se tiende a confundir la literatura con el encaje de bolillos. Escribir se ha vuelto para muchos de los escritores contemporáneos una fabricación de tartas de crema hecha con palabras. ¡Ah, qué maravillosamente colocan sus adjetivos! ¡Qué juegos de sintaxis nos ofrecen! ¡Cómo se ve, tras cada una de sus frases, pavonearse a su autor, que está muy satisfecho de demostrar en cada una que es más listo que nosotros! ¿O acaso no es cierto que un altísimo porcentaje de lo que hoy se publica no pasa de ser una colección –tal vez muy hermosa– de fuegos de artificio? Hemos valorado tanto el «cómo» hay que decir las cosas que, al final, vamos a aprender a decir maravillosamente la nada.

Tal vez por ello sería bueno que, al menos una vez al año, se preguntasen los escritores para qué escriben y los lectores para qué leen. Esto último puede que sea aún más importante que lo primero. Borges suele decir que el día que él se muera no estará muy orgulloso de los libros que ha escrito, pero sí de los que ha leído. Y no es ésta una salida chusca. Es el convencimiento de que, al final, todo cuanto un hombre escribe es sólo el fruto –mejor o peor digerido– de lo que ha leído. Porque somos –o podemos ser– hijos de nuestras lecturas.

Lo malo es la gente que lee para «pasar el rato» o, más exactamente, para «matar el tiempo». Una verdadera lectura no mata nada y crea mucho, fecunda, engendra, acicatea, «rompe –diría Kafka– con un hacha la mar congelada que hay en nosotros». La imagen no puede ser más hermosa y exacta. Porque la mente del hombre está tan viva como el mar, preñada de vida, de peces y corrientes, latidora y fecunda en tormenta, calma a veces, bramante a ratos. Pero, asombrosamente, para la mayoría de los hombres su mente termina congelándose: la rutina la cubre y la aprisiona en su capa de hielo, como sus lagos encadenados por las heladas invernales. Sólo así se explica que algo tan ardiente como la mente humana se vuelva estéril en noventa y nueve de cada cien personas, bajo cuya corteza de aburrimiento ni circulan ideas ni peces, ni conocen tormentas, ni producen algo que no sea insipidez.

Un libro, un verdadero libro, debe destrozar nuestras rutinas a golpe de hacha, debe convulsionarnos, sacudirnos por la solapa, empujarnos a la felicidad, sí, pero no a la felicidad del placer, sino a la de estar vivos. ¿Merece ser leído un libro que nos penetra menos que la muerte de un hermano? ¿Para qué leer algo que nos hace admirar a su autor, pero en nada trastorna nuestras vidas?

Ya sé que encontrar un libro así es como conseguir una quiniela de catorce, ya que no siempre los mismos libros despiertan a las mismas personas. Pero hay, por fortuna, libros-despertadores (o músicas o cuadros-despertadores) que han demostrado ya a lo largo de los siglos su capacidad de golpear en el cráneo de los dormidos. Yo he tenido la fortuna de irme encontrando a lo largo de mi vida y cada cierto número de años uno de estos libros-milagro que me ha ido poseyendo, invadiendo, alimentando, empujando a más vivir, y sus autores son hoy para mí no escritores admirados, sino verdaderos hermanos de sangre. Un día fueron las grandes novelas de Dostoievski; otro, los poemas de Rilke; luego, las obras de Thomas Merton; después, las meditaciones de Guardini; un día, la obra de Bernanos; otro, la audición de la *Misa en si menor* de Bach; después, la exposición del *Miserere* de Rouault; un verano fue Hermann Hesse; otro, una relectura de Mauriac; largos meses, el gozo de la compañía de Dickens; en muchos rincones, los encuentros con Mozart; inesperadamente, la sacudida de *El pobre de Asís* de Kazantzakis; no hace mucho, el hallazgo de la prosa de santa Teresa; durante un viaje, la estancia en el cielo particular de Fray Angélico en Florencia; en mi primera adolescencia, el encuentro fraterno con Antonio Machado; muchos, muchos puñetazos en mi cráneo que han ido ayudándome decisivamente a que mi alma no se congelase. A ellos –y a muchos otros; no quiero, por ejemplo, que se me olviden ni san Agustín, ni «Charlot», ni Dreyer– debo mi alma. Y me siento feliz de tener muchos padres.

Y no puedo menos de sentir una cierta compasión por quienes viven huérfanos, teniendo, como tienen, tantos padres a mano. Y una mayor compasión por quienes leen como si comieran pasteles, sin enterarse siquiera de que hay en los libros esa sangre fresca y jugosa que sus almas necesitan.

# DEFENSA DE LA FANTASÍA

Dice mi hermana que en nuestra infancia, como no contábamos con televisión, teníamos que acudir a la televisión prehistórica: la imaginación. Yo le digo que nunca jamás se conoció televisión mejor y que jamás se inventará otra semejante. Porque en la imaginación teníamos todos los canales a nuestra disposición; no había que soportar que nadie nos adoctrinara desde ideologías que no fueran la elegida, y jamás Ikegami alguno filmó en tan bellos colores como los que cada uno de nosotros elegía y se inventaba a placer.

Yo siento una cierta compasión ante los niños de ahora, a quienes les damos ya todo inventadísimo. ¿Para qué van a hacer el esfuerzo de imaginar cuando, a diario, les bombardeamos con imágenes desde que amanece hasta que se acuestan? Su Blancanieves no podrá ser la que ellos se fabriquen; será por fuerza la que les dio Disney encadenada. Sus sueños estarán llenos de pitufos prefabricados y, cuando lean a Julio Verne, pensarán que es un señor que puso en letra lo que ellos ya vieron en las películas de la tele. Todo más cómodo. Todo infinitamente menos creativo y, por tanto, mucho menos fecundo para sus almas.

Nosotros tuvimos la fortuna de vivir cuesta arriba, teniendo muchas horas que llenar con sueños e imaginaciones. Y por lo que yo recuerdo, la fantasía funcionaba en aquel tiempo. La Astorga infantil en la que yo viví estaba toda ella hecha como para vivir una fábula. Cada esquina tenía una leyenda. Nos sabíamos dónde y cómo durmió Napoleón cuando allí estuvo, veíamos avanzar ejércitos romanos bajo las murallas, el león de Santocildes peleando con un águila francesa era casi como todo un curso de historia.

Pero lo mejor era que también llenábamos de imaginación la pequeña vida cotidiana. En casa, por ejemplo, nos pasábamos medio diciembre fabricando cosas para la Navidad y el otro medio mes elaborando bromas para el día de Inocentes; bombones falsos llenos de algodón empapado en vinagre, nueces cuidadosamente vaciadas y más cuidadosamente vueltas a cerrar llenas de viruta, brazos de gitano preciosamente elaborados en los que la crema recubría un tarugo. La inocentada no era algo improvisado. Se elaboraba como una verdadera pieza teatral. Y algún año sucedió que la tarta de pega fabricada por mi madre fue un día de Inocentes corriendo por siete u ocho casas, para terminar de nuevo en la mía por obra de alguien que quería darnos una broma sin saber que era mi madre la fabricante original. Todo era tontísimo y un poco primitivo. Pero aquellas tonterías nos hacían vivir y eran, en definitiva, la forma en que nos manteníamos unidos y calientes. Eran, lo recuerdo, los que luego se llamaron «los años del hambre» y hoy creo que puedo aplicar a ellos ese dicho de «comer, no comíamos, pero lo que es reír, nos reíamos muchísimo». Tal vez por eso hoy, cuando mis amigos no paran de contar amarguras de aquellos años, yo sólo puedo recordar horas felices, porque allí donde la realidad resultaba amarga poníamos nosotros el milagro de la imaginación.

Habría que reivindicarla ahora en este gran tiempo de esterilidad colectiva. Porque yo me temo que no sea cierto eso de que los inventos modernos estén ensanchando el mundo. Están, es cierto, haciéndolo más llevadero, pero no sé si más ancho. Leo, por ejemplo, en los periódicos que en el mundo entero el vídeo está derrotando al libro, que la gente prefiere «ver» una novela a leerla, que ya empiezan a existir revistas en videocasete y que, no tardando mucho, tendremos periódicos filmados. Y tengo que preguntarme si todo eso será un adelanto.

Me lo pregunto porque, como el lenguaje oral está muy bien hecho, resulta que, cuando leemos, hacemos pasar las palabras por el recoveco de la imaginación para mejor entenderlas. Pero el día que entendamos y veamos las cosas directamente, habrá que jubilar nuestra imaginación lo mismo que las máquinas modernas van quitando el trabajo a mecanógrafas y linotipistas. Y se producirá, dentro de cada uno de nosotros, algo terrible: el paro de una gran parte de nuestra alma.

Todos tenemos ya parte del alma parada. Dicen los científicos que el hombre usa, más o menos, un 20 por 100 de su cerebro. El día que renunciemos a la imaginación, ¿nos quedará algo? Y seguramente gastaremos menos fósforo mental, pero será a costa de desposeer a nuestra alma de la poca creatividad que ya le queda.

Por eso, la verdad es que no cambio mi infancia por la de los pequeños de hoy. Comíamos y vestíamos peor. No conocíamos un veraneo en la playa hasta la edad de los pantalones largos. Pero estrenábamos y usábamos la imaginación mucho antes. Los niños de ahora ya no la necesitan. La han sustituido por una imaginación de tercera: por esa caja mágica de la que estamos tan orgullosos cuando, como una solitaria silenciosa, está devorándonos uno de nuestros mejores dones: la imaginación.

## 10

# LA IMPOTENCIA DEL AMOR

En el reciente documento vaticano sobre «la teología de la liberación» hay algo que me ha resultado escalofriante y vertiginoso: la denuncia, por tres veces, de que muchos cristianos han comenzado a desconfiar de la eficacia del amor y piensan que ya no basta con cambiar los corazones y sueñan en otras acciones más «útiles», más «eficaces», llámense revolución o lucha de clases.

Esta desconfianza no es cosa de hoy. Fueron primero los políticos. Maquiavelo les enseñó que la inteligencia, el doble juego, la mano izquierda iban más derechas al objetivo que el pobre corazón. Y saltó de ahí, fácilmente, a proclamar que hay una violencia digna de censura: la que destruye. Y otra digna de elogio: la que construye. Es fácil entender que todos piensan que construye aquella que ayuda a sus intereses.

Con el marxismo el salto fue definitivo: la clave del mal del mundo ya no estaba en el egoísmo de los hombres, sino en la mala construcción de las estructuras. Y la única manera tolerable de amar era aquella en la que el amor a una clase se unía el odio y la destrucción de la otra. Un Bertolt Brecht dedicó la mitad de su obra a ironizar sobre una caridad convertida en limosnería que conseguía siempre los frutos contrarios a los que pretendía. ¡Tiremos, pues, a la basura el viejo corazón compasivo y sustituyámosle con la inteligencia inteligente!

Pero lo verdaderamente dramático llega cuando son los cristianos los que se inscriben en las filas de los desconfiados del amor y los que apuestan por la fría eficacia conseguida sin él. Y lo curioso es que esta corriente se respira hoy en familias ideológicamente bien opuestas dentro de la Iglesia católica.

Yo, por ejemplo, no he entendido nunca que en algún libro piadoso se pida que el corazón esté «cerrado con siete cerrojos» y se asegure que para amar más a Dios hay que estar atento de no amar demasiado a los hombres.

Pero aún me resulta más grave el que –tal vez porque los extremos se tocan– los grupos progresistas, que dicen inspirarse en el Concilio, caigan en una nueva mutilación, no tanto desconfiando del amor cuanto encajándolo en un amor condicionado y de clase, en una forma de amor que, en todo caso, ya no es el amor cristiano.

Esta mentalidad suele funcionar sobre lo que yo llamo «los falsos dilemas» o la «apuesta por un presunto mal menor». Como consideran ineficaces ciertas formas antiguas de supuesto amor, en lugar de tratar de curar y mejorarlo, optan por pensar que en el futuro deberemos poner la agresividad donde ayer poníamos la caridad.

Recuerdo ahora, por ejemplo, aquel cura hispanoamericano que, en una novela de Graham Greene, justifica así la violencia: «La Iglesia –dice– condena la violencia, pero condena la indiferencia con más energía. La violencia puede ser la expresión del amor. La indiferencia jamás. La violencia es la imperfección de la caridad. La indiferencia es la perfección del egoísmo».

He aquí un brillante juego de medias verdades y sofismas. He aquí un ejemplo de los falsos dilemas. Es cierto que la Iglesia condena la indiferencia ante el dolor, la tolerancia de la injusticia, con tanta o más fuerza que la violencia, porque sabe que el que tolera un mal que podría evitar está siendo coautor de ese mal y, por tanto, está ejerciendo una violencia silenciosa. Es cierto que la indiferencia es la perfección del egoísmo o, como decía Bernanos, «el verdadero odio». Pero, en cambio, no es cierto que la violencia sea la «imperfección» de la caridad; es el pudridero de la caridad, la inversión, la falsificación y la violación de la caridad. Quizá algún violento haya comenzado a ejercer su violencia por motivos subjetivos de amor, pero de hecho, al hacer violencia se ha convertido en el mayor enemigo del amor. Ya que con la violencia se puede entrar en todas partes, menos en el corazón.

Mas, sobre todo, ¿por qué nos obligarían a elegir entre la indiferencia y la violencia? ¿Por qué no podríamos excluir a las dos y optar por el trabajo, por el amor, por el colocarnos al lado del que sufre?

Otro personaje de la misma novela plantea aún más claramente uno de esos falsos dilemas cuando dice: «Prefiero tener sangre en las manos antes que agua de la palangana de Pilato». ¡Precioso tópico! ¡Preciosa falsedad! Elegir entre la sangre del asesinato y el agua de la falsa sentencia es tan absurdo como optar entre la muerte por fusilamiento o por guillotina. Porque entre las manos lavadas de Pilato y las ensangrentadas del asesino o del guerrillero están las manos tercas y humildes de Gandhi, las manos piadosas y caritativas de la madre Teresa, las manos firmes y exigentes de Martin Luther King, las manos ensangrentadas –pero de la propia sangre– de monseñor Romero, las manos orantes de una carmelita desconocida, las manos de una madre, las manos de un obrero. ¿Quién no preferiría cualquiera de éstas? ¿Quién no aceptaría que las manos de un cristiano son las que trabajan o mueren y no las que duermen, las que hacen violencia de cualquier forma o las que asesinan? Entre los dormidos y los que avasallan están los que caminan. Entre las cruzadas de izquierda o de derecha están los que, humildemente, hacen cada día su trabajo y ayudan a ser felices a cuatro o cinco vecinos.

Este es el gran problema: volver a creer en la eficacia del amor. En la l-e-n-t-a eficacia del amor. Una eficacia que tiene poco que ver con todas las de este mundo, sean del signo que sean. Una eficacia que con frecuencia es absolutamente invisible.

Jesús conoció en su vida esa tristeza de la aparente inutilidad del amor. Nadie ha entendido esto tan bien como Shusaku Endo, el primer biógrafo de Jesús en japonés: «Jesús –dice– se daba cuenta de una cosa: de la impotencia del amor en la realidad actual. Él amaba a aquella gente infortunada, pero sabía que ellos le traicionarían en cuanto se dieran cuenta de la impotencia del amor. Porque, a fin de cuentas, lo que los hombres buscaban eran los resultados concretos. Y el amor no es inmediatamente útil en la realidad concreta. Los enfermos querían ser curados, los paralíticos querían caminar, los ciegos ver, ellos querían milagros y no amor. De ahí nacía el tormento de Jesús. Él sabía bien hasta qué punto era incomprendido, porque Él no tenía por meta la eficacia o el triunfo; Él no tenía otro pensamiento que el de demostrar el amor de Dios en la concreta realidad».

Tal vez los ilustres le mataron porque les estorbaba. La multitud dejó que le mataran porque ya se habían convencido de que era un hombre bueno, pero «ineficaz». Arreglaba algunas cosillas, pero el mundo seguía con sus problemas y vacíos. No servía.

Veinte siglos después van aumentando los hombres que están empezando a sospechar que la picardía, los codos, las zancadillas son más útiles que el corazón. Cientos de miles de cristianos buscan otras armas más eficaces que el amor. En el amor hoy ya sólo creen los santos y unas cuantas docenas de niños, de ingenuos o de locos. Pero si un día también éstos dejaran de creer en ello, habríamos entrado en la edad glaciar.

# 11
# NACIDO PARA LA AVENTURA

Junto a las escaleras del «metro» que tomo todas las tardes han plantado una valla publicitaria en la que un avispado dibujante ha diseñado un feto de seis meses que reposa feliz dentro de un óvulo, flotante dentro de un seno que no se sabe muy bien si es maternal o intergaláctico. Está acurrucadito, tal y como estuvimos todos, entre asustados y expectantes, soñando con la vida. Pero, por obra y gracia del agudo publicitario, el dulce-futuro-bebé tiene algo inesperado: unos pantaloncitos vaqueros que le ciñen mucho mejor de lo que mañana lo harán los pañales maternos. Y nuestro genio de la publicidad ha coronado su «invento» con una frase apasionante: «Nacido para la aventura». Todo un destino.

Yo, la verdad, siento una infinita compasión hacia cuantos trabajan en las agencias de publicidad (sobre todo hacia los que llaman «los creativos»), que han de pasarse la vida entera exprimiéndose el cacumen para inventar esa frase nueva, genial y diferente que, desde las esquinas de las calles, nos herirá a los sufridos transeúntes como una estocada. ¿Y cómo encontrar un *slogan* nuevo sobre algo tan machacado por la competencia como los pantalones vaqueros? ¿Cómo hallar un nuevo argumento con el que convencer a la dulce muchachada de que ingresarán directamente en el cielo de la felicidad apenas se vistan esa arcangélica indumentaria? Todo está dicho ya. Un año nos explicaron que con una determinada marca atraeríamos todas las miradas femeninas y nos encontraríamos catapultados en un harén de muchachas. Nos anunciaron que los tejanos «eran la libertad», que vistiéndolos «seríamos más» y hasta que penetraríamos más allá de las nubes. Una agencia nos contó que los *jeans* nos «identifican», que con ellos estaríamos «satisfechos» porque «no hay cosa más linda». Los de otra marca son «los que mejor se mueven» y bastaba con «dejarlos bailar». Alguien puso su pimienta tentadora y nos explicó que esos pantalones «resistirán si tú resistes». Y hasta nos contaron que con ellos puestos Tarzán se quedaría tamañito a nuestro lado. Realmente ya sólo faltaba que alguien batiera el récord de la imaginación (¿o de la estupidez?) y nos hablara de los vaqueros intrauterinos, descubriéndonos –¡oh gozo!– que la gran aventura que nos espera al nacer es nada más y nada menos que vestirnos un pantalón tejano.

Comprenderán ustedes que a mí me trae sin cuidado lo que la gente vista o deje de vestir, tanto antes como después de nacer. Me hace gracia, eso sí, que se haya cumplido tan rápidamente aquella profecía de Julio Camba que anunciaba que en el futuro no se adaptarían los vestidos a los hombres, sino los hombres a los vestidos; pero, por lo demás, pienso que cada uno es dueño de elegir sus trapitos y no seré yo quien diga a los jóvenes, como Don Quijote a Sancho («tu vestido será calza entera, ropilla larga, herreruelos un poco más largos»), el modo en que deberían vestir. Me importa mucho más lo que la gente tiene dentro de la cabeza que lo que lleva encima de las piernas. Pero sí me preocupa, y mucho, en cambio, esa máquina de guerra que ha puesto en marcha nuestra sociedad para convencer a los muchachos de que la vida es idiotez.

Porque lo que hay detrás de la frivolidad de ciertas publicaciones es algo mucho más serio que una manera de vestir o una marca de pantalones. Es algo que podría definirse como «el progresivo empequeñecimiento de los ideales».

Pepe Hierro, en uno de sus más hermosos poemas, cantaba la triste suerte de aquel pobre emigrante –«Manuel del Río, natural de España»– que un día se murió sin saber por qué ni para qué había vivido y cuyo cadáver «está tendido en D'Agostino Funeral Home. Haskell. New Jersey». Ante aquel cuerpo, vivido y muerto ¿inútilmente?, Hierro le recordaba que

> *Tus abuelos*
> *fecundaron la tierra toda,*
> *la empapaban de la aventura.*
> *Cuando caía un español*
> *se mutilaba el universo.*

Y sentía ganas de llorar al recordar que

> *Hace mucho que el español*
> *muere de anónimo y cordura*
> *o en locuras desgarradoras*
> *entre hermanos.*

¿Y ahora? Ahora ¿tendremos que seguir descendiendo y decir a los muchachos que la gran aventura para la que nacen no es ya «fecundar la tierra toda», sino ponerse una determinada marca de pantalones? ¿Deberemos sentirnos gozosos porque ya no morimos «en locuras desgarradoras entre hermanos» y pensaremos que hemos mejorado descendiendo a esa guerra civil de la mediocre estupidez?

Me impresiona pensar en esta civilización que tienta a diario a los jóvenes con la mediocridad. Hubo tiempos en los que se les tentaba con la revolución, ahora se les invita a la siesta y la morfina, a infravivir, como si el lobo ya no soñara en comerse a Caperucita, sino simplemente en atontarla y domesticarla.

Por eso me ha dolido el anuncio que han colocado sobre las escaleras de mi «metro»: porque profana dos de las palabras más sagradas de nuestro diccionario: «nacer» y «aventura». A mí me encanta entender la vida como una apasionante aventura. Creo que me mantendré joven mientras siga creyéndolo. Me apasiona entender la vida como un reto que debo superar, como un riesgo que debo correr y en el que tengo que vivir tensamente para realizar cada uno de sus minutos. Creo que la juventud es seguir teniendo largos los sueños y despierto el coraje, alta la esperanza e indomeñable ante el dolor. Odio la idea de dejarme arrastrar por las horas y estoy decidido a mantenerme vivo hasta el último minuto que me den en el mundo. Pienso, como santa Teresa, que aventurar la vida es el único modo de ganarla:

> *No haya ningún cobarde.*
> *Aventuremos la vida,*
> *pues no hay quien mejor la guarde*
> *que quien la da por perdida.*

¿Y tendré que pensar ahora que la aventura que me esperaba a las puertas del seno de mi madre era el tipo de pantalones que habría de vestir? Hubo tiempos en los que las gentes soñaban ser santos, cruzar continentes, dominar el mundo, multiplicar la fraternidad o, al menos, transmitir diaria y humildemente algunas gotas de alegría. ¿Y ahora bajaremos a esa tercera división de la Humanidad, cuyas metas consisten en «realizarse» teniendo un coche o poniéndonos una determinada marca de tejanos? Ya sólo nos falta que un publicitario invente el último y más cruel de los anuncios: «Muchachos que ahora nacéis, dentro de quince años estaréis todos parados. Pero no temáis, pasaréis vuestro paro sentaditos sobre unos pantalones marca no-sé-cuál».

Mi viejo amigo Bernanos decía que «para que una habitación esté templada es necesario que el fogón esté al rojo vivo». El fogón de nuestras vidas es la juventud. ¡Y cómo temblarán mañana de frío todos esos muchachos a quienes hoy estamos llenando la juventud de carbones congelados!

Un mundo en el que los viejos fueran tristes y los adultos aburridos sería ya una tragedia. Pero una tierra de jóvenes hastiados o inteligentemente atontados sería la catástrofe de las catástrofes. Y uno teme a veces que si antaño, «cuando caía un español se mutilaba el universo», tal vez mañana en alguna tumba podrá escribirse el más macabro de los epitafios: «Aquí descansa Fulanito de Nada, que, al morirse, dejó vacíos unos pantalones».

## 12

# ELOGIO DE LA NARIZ

Sobre pocos puntos he visto entre los pensadores tanta divergencia como en su valoración del sentido común, clave, para algunos, del equilibrio de las personas; rémora, para otros, en la marcha del mundo.

Gracián decía, por ejemplo, que «más vale un gramo de sentido común que mil arrobas de sutileza», y Leopardi aseguraba que «lo más raro que hay en el mundo es lo que pertenece a todos, el sentido común». Pero, en cambio, un Bécquer consideraba que «el sentido común es la barrera de los sueños». Y Unamuno, más que nadie, disparataba contra él: «El sentido común es el sentido de la pereza, el que juzga con lugares comunes y frases hechas, mecánica y no orgánicamente. El que se atiene a los medios comunes de conocer: el del ojo de buen cubero, el del poco más o menos, el de todos aquellos que no se esfuerzan en ver claro en sí mismos. Hay gentes tan llenas del sentido común que no les queda el más pequeño rincón para el sentido propio».

Yo diría que la clave de estas discrepancias parte del punto de mira desde el que se habla. Si para crear es necesaria la locura, para tratar con el prójimo es preferible la cordura. Si no se puede escribir sin un buen caudal de sueños, tampoco puede mantenerse el vivir cotidiano sin una buena porción de realidades. Lo malo es cuando los términos se cruzan. El sentido común aplicado a la literatura no produce otra cosa que agarbanzamientos. Los sueños proyectados en la tarea de cada día conducen más bien al descalabro.

En este campo yo suelo practicar una receta que me enseñó, siendo yo un chiquillo, uno de mis maestros y que podría resumirse en la frase: soñar largo, caminar corto. Mi maestro pensaba que el único modo de llegar a los grandes sueños es por pasos cortos, pero que también la única manera de mantener la constancia en los pequeños pasos de cada día era vivir tensos porque tiraban de nosotros los grandes sueños.

Por eso a mí en la vida me gusta tener la imaginación por bandera y el sentido común por timón. Y si me preguntan si soy revolucionario o evolucionista contesto siempre que me gusta ser revolucionario de ideas y evolucionista de táctica; idealista en los fines y posibilista en los medios. Me gusta el arco tenso y la flecha ligera. Poner la locura como meta. Y caminar hacia lo imposible a través de un montón de posibles pequeñitos.

Tal vez por eso doy yo tanta importancia a las formas de las cosas. Tengo la impresión de que, por cada cien personas que dicen que chocan por sus ideas, noventa y nueve provocan ellos sus roces por las formas en que las exponen. Y si Chesterton aseguraba que «una herejía es siempre una verdad que se ha vuelto loca», tal vez pudo también decir que es «una verdad expresada locamente». O a destiempo.

Porque aquí voy a confesar que una de las pocas cosas en las que yo coincido con Maquiavelo es en su culto al tiempo. Reconozco, como él, que «los tiempos son más poderosos que nuestras cabezas». Y creo que es justa su afirmación de que el fracaso de los más grandes personajes de su tiempo se debía a que «todos ellos se negaban a reconocer que habrían tenido mucho más éxito si hubieran intentado acomodar sus personalidades respectivas a las exigencias de los tiempos en lugar de querer reformar su tiempo, según el molde de sus personalidades».

Y, naturalmente, yo no estoy dispuesto a modificar mis ideas por mucho que los tiempos cambien. Pero estoy dispuesto a poner todas las formulaciones externas a la altura de mis tiempos, por simple amor a mis ideas y a mis hermanos, ya que si hablo con un lenguaje muerto o un enfoque superado, estaré enterrando mis ideas y sin comunicarme con nadie.

Esto lo entendí mejor viajando por el mundo: al llegar a cada país ponía mi reloj en hora, en el nuevo horario del país visitado. Esto no implicaba pensar que en mi país estuviéramos atrasados o adelantados o desconfiar de mi reloj. Suponía, simplemente, que yo aceptaba lo cambiante de la realidad horaria.

Por eso he rendido siempre culto al olfato como virtud de la inteligencia. No creo que tener sentido de la realidad que nos rodea sea oficio de camaleones. Desconfío de los veletas, pero no de los que saben la tierra que pisan. No me gustan los que cambian de ideas, pero tampoco quienes carecen del sentido común de revisarlas y adaptarlas en todo lo no sustancial. Me gusta la gente de buena nariz. Me encantan los cazadores que no disparan según dicen los manuales, sino que ponen el disparo justo en el momento justo y en el justo lugar.

## 13
## UN VUELCO EN EL CORAZÓN

Entre las muchas cartas que recibo hay una que me ha conmovido –y alegrado– especialmente. No es que me cuente nada novedoso o espectacular. Es simplemente la carta de una mujer que me explica que, a los cincuenta y un años, sigue enamorada de su marido.

«Él es maestro –dice– y yo me siento muy unida a su profesión, pero, sobre todo, a él. Llevamos veintiún años casados, fuimos ocho años novios y, cuando lo encuentro en la calle, sin esperar verle, aún me da un vuelco el corazón. Quiero decir, que el amor no muere. Tengo montañas de poemas escritos para él y para lo que nos une. Y no es rutina, desde luego. Y no lo veo perfecto, ni él a mí. Y no estamos de acuerdo siempre. Pero, sobre todo, nos queremos».

Ahora siento casi un poco de vergüenza de que esta carta me haya llamado la atención. ¿No debería ser lo normal todo lo que en ella se cuenta?

Me temo que hoy la fidelidad no esté de moda. Al menos a juzgar por los periódicos y las conversaciones. ¿O también aquí resultará que –a tenor de esa hipocresía moderna que consiste en hacerse pasar por peor de lo que uno es– son muchos más los matrimonios fieles que los que presumen de casquivanos? Pero lo grave –me parece– no es tanto el que los hombres seamos más o menos fieles a nuestras promesas. Lo grave es que muchos hayan llegado a autoconvencerse, primero, de que es imposible la fidelidad y, después, de que casi es más propio del hombre el mariposeo.

Pero habría que volver a hablar «con descaro» de la fidelidad. Un buen amigo mío –y gran teólogo–, Olegario G. de Cardedal, ha titulado uno de sus libros *Elogio de la encina*, precisamente porque la encina es el árbol de la fidelidad, un árbol menos aparatoso y brillante que otros muchos, más duro y adusto, pero en el que parece resumirse el campo entero.

Tal vez mujeres como la de la carta que he copiado –o como mi madre y tantas otras que he conocido– no entren en la historia de las mujeres ilustres. Pero yo no cambiaría su fidelidad por todos los brillos del mundo.

Hace días, leyendo a Kierkegaard, tropecé con dos párrafos iluminadores. El primero subrayaba la importancia y la permanencia de los compromisos de amor y decía que quienes temen dar un «sí» para siempre por temor a que mañana puedan cambiar de idea y se encuentren encadenados a él, «es evidente que, para ellos, el amor no es lo supremo, pues de lo contrario estarían contentos de que exista un poder que sea capaz de forzarles a permanecer en él». He aquí una enorme verdad: quienes temen al amor eterno deben ser sinceros consigo mismos y reconocer que no es que ellos sean muy inteligentes, sino que su amor es demasiado corto. O que su orgullo es demasiado grande para aceptar el someterse al amor.

El otro párrafo aún era más luminoso: «Basta con mirar a un hombre para saber a ciencia cierta si de verdad ha estado enamorado. Expande en torno un aire de transfiguración, una cierta divinización que se perpetúa durante toda su vida. Es como una concordia establecida entre cosas, que, sin ella, parecerían contradictorias: el que ha estado enamorado, al mismo tiempo es más joven y más viejo que de ordinario; es un hombre y, a pesar de todo, un muchacho, sí, casi un niño; es fuerte y, sin embargo, es débil; hay en él una armonía que rebota en su vida entera».

Efectivamente: haber estado, aunque sólo sea una vez, enamorado –de un hombre, de una mujer, de una idea, de una tarea, de una misión– es lo más rejuvenecedor que existe. Esas gentes a quienes brillan los ojos, que miran la vida positivamente, que se alimentan de esperanzas, que poseen una misteriosa armonía, que irradian esa luz que les transfigura, son personas que se atrevieron a creer en el amor y han sido fieles a esa decisión. Poseen una especie de virginidad e integridad espiritual.

Cuando Miguel Ángel concluyó de tallar su *Pietà* del Vaticano alguien le preguntó por qué había hecho más joven a la madre, a María, que a su hijo Jesús. Y Buonarotti respondió que las almas vírgenes son siempre jóvenes. Y no se refería, es claro, solamente a la virginidad física, sino a esa virginidad interior de quienes se han entregado enteros a un amor o a una causa.

Hay que elogiar sin rodeos a esas «encinas-mujeres» o a esas «encinas-varones» que se atreven a seguirse queriendo por encima de los años, que se emocionan aún cuando encuentran por la calle a quienes fueron (y son) sus novios. Hay que decirles –como Machado decía de las encinas– que ellas «con sus ramas sin color», «con su tronco ceniciento», «con su humildad que es firmeza» son una de las cosas que sostienen este mundo nuestro, tan viejo como un don Juan.

## 14

# VIVIR CON LA LENGUA FUERA

Creo que fue Tucholsky el que escribió una vez, ironizando sobre la gente «que vive con la lengua fuera»; de los que «jadeantes y sin respiración van a la zaga en el tiempo, para que nada ni nadie se les escape»; de quienes más que tener ideas viven de adaptarse, como camaleones, a lo que está de última moda. ¿Que impera el marxismo? Ellos se hacen marxistas o semimarxistas, si la cosa les asusta mucho. ¿Que es el existencialismo lo que lleva la moda? Pues a hacerse existencialistas. Y después, relativistas. Y luego, secularistas. Y más tarde, pasotas. Y finalmente, nihilistas. O lo que empiece a asomar en el horizonte.

Son como los esclavos de la moda. Sólo que la moda impera, al fin y al cabo, en los vestidos, mientras que ellos se esclavizan en la fugitividad a las ideas.

Es un tipo de seres más común de lo que puede creerse. Y no les angustia el tener o no razón. Pero les aterraría pensar hoy lo que estuvo de moda anteayer y no estar «al día». Viven literalmente con la lengua del alma fuera, haciendo correr a su cabeza tras las ventoleras de las opiniones.

Conozco personas cuya única ideología es elegir, entre las varias opiniones que circulan, la más puntera y avanzada. Gentes que se morirían ante la sola posibilidad de que alguien les tildara de «anticuados» o, lo que es peor, de «retrógrados». Hay quienes estarían dispuestos a dar su vida por sus ideas o por su fe, pero se pondrían coloradísimos primero y terminarían por fin traicionándola si en lugar de conducirles a la tortura les sometieran al único tormento de ser acusados de «beatos» o de conservadores. Son personas para las que no cuenta el substrato de su pensamiento, sino exclusivamente el último libro, periódico o revista que han leído. Son los tragadores de tiempo, los que creen que la verdad se rige por los relojes y opinan que forzosamente lo de hoy tiene que ser más verdadero que lo de ayer.

No parecen darse cuenta de que «el verdadero modernismo —como decía Tagore— no es la esclavitud del gusto, sino la libertad del espíritu». Tampoco se dan cuenta de que adorar a lo que hoy está de moda es dar culto a lo que mañana será anticuadísimo, porque no hay nada tan fugitivo como el fuego de artificio de la novedad.

Un hombre verdaderamente libre es aquel, me parece, que piensa y dice lo que cree pensar y decir, y jamás se pregunta si con ello está o no al último viento. Y será doblemente libre si no se encadena a grupos, a bloques de pensamiento.

Porque, en este tiempo más que nunca, la gente piensa por bloques. Un señor, por ejemplo, que se estime progresista tendrá que aceptar todo aquello que se sirve como tal: no sólo el deseo de libertad y de derechos humanos; no sólo el ansia de un mundo evolucionado, sino también el aborto, el permisivismo moral y el antimilitarismo. ¿Y si yo me sintiera progresista y, precisamente porque quiero serlo, me entregara a defender la vida o a combatir la droga?

A mí me divierte muchísimo —voy a confesarlo aquí— desconcertar a mis amigos, que ya no acaban de saber si soy abierto y moderno o tradicional y conservadorísimo. Eso de que no consigan encasillarme me entusiasma. Incluso a veces hago alguna que otra pirueta para desconcertar y escribo artículos bastante «progres», para que los conservadores no crean que soy de los suyos, o más bien tradicionales, para que nadie me encasille en avanzadas que tampoco son mías.

Y cuando me preguntan si soy un hombre de derechas o de izquierdas, innovador o conservador, respondo siempre que soy simplemente un hombre libre que quiere ir diciendo siempre lo que piensa, sin estar obligado a decir forzosamente que es bueno lo que la moda pinta como avanzado o malo lo que otra rutina dibuja como conservador.

Porque nunca he creído que la verdad esté en bloque a la derecha o a la izquierda, en el ayer o en la mañana. Y creo que debo conservar libre mi juicio para reconocerla allí donde esté o donde yo la vea.

Claro que para esto hace falta otra segunda libertad de espíritu: la de ponerse por montera lo que la gente pueda decir de uno. Afortunadamente a mí sólo me preocupa lo que digan de mí Dios y mi conciencia, y puedo permitirme el lujo de sonreír ante críticas y comentarios.

Lo que no creo que un hombre deba hacer es pasarse la vida con la lengua fuera, buscando apasionadamente por dónde vienen los últimos tiros. Un hombre así puede servir para veleta, no para torre de catedral o para almena de castillo. Y me parece mucho menos malo ser un poco orgulloso que ser esclavo y serlo de un señor tan variable y volandero como la moda.

## 15

# SER EL QUE SOMOS

Cada vez me asombra más comprobar el número de gente que no está contenta de ser quienes son, de haber nacido donde nacieron, de habitar en el siglo que habitan. Si haces una encuesta entre adolescentes y les preguntas quién les gustaría ser, noventa y nueve de cada ciento te dicen que les gustaría ser Jackie Kennedy o Michael Jackson o, con un poco de suerte, Homero, o Leonardo, o Francisco de Asís.

Yo lo siento, pero me encuentro muy a gusto siendo el que soy. No me gusta «cómo» soy, pero sí ser el que soy. Y no quisiera ser ni Homero, ni Leonardo, ni Francisco de Asís. Me gustaría, claro, ser tan buen poeta como Homero, tan inteligente como Leonardo y tan santo como Francisco de Asís, pero tener todas esas virtudes siendo J. L. M. D. y viviendo en el tiempo en que vivo y en las circunstancias a las que me ha ido llevando la vida.

Yo aspiro –como diría Salinas– a sacar de mí mi mejor yo, pero no quisiera ser otra persona, ni parecerme a nadie, sino ser el máximo de lo que yo puedo dar de mí mismo.

¿Por qué pienso así? Por varias razones: la primera, por simple realismo. Porque, me guste o no, siempre seré el que soy, y si un día llego a ser listo o simpático o –qué maravilla– santo, lo sería, en todo caso, «a mi estilo», dentro de mis costuras.

En segundo lugar, porque no sólo yo soy lo mejor que tengo sino lo único que puedo tener y ser. Desde el principio de la historia hasta el fin de los siglos no habrá ningún otro J. L. M. D. más que yo. Habrá infinito número de personas mejores que yo, pero a mí me hicieron único (como a todos los demás hombres) y no según un molde fabricado en serie.

En tercer lugar, porque la experiencia me ha enseñado que sólo cuando uno ha empezado a aceptarse y a amarse a sí mismo es capaz de aceptar y amar a los demás e, incluso, de aceptar y amar a Dios. ¡Cuántos que creemos resentidos contra la realidad están sólo resentidos consigo mismos! ¡Cuántos son insoportables porque no se soportan dentro de su piel!

Por eso me desconciertan esos padres que se pasan la vida diciéndoles a sus hijos: «Mira a Fernandito, tu primo. A ver cuándo eres tú como él». Pero ningún niño debe ser como su primo Fernandito. Ya tiene bastante cada niño con auparse sobre sí mismo, con realizar su alma por entero. Con métodos como esos, con padres que parecen empeñados en que sus hijos se les parezcan, muchas veces consiguen efectivamente que sus muchachos sean igual que ellos: igual de vanidosos, igual de incomprensivos, igual de fracasados.

Un hombre, una mujer, deben partir, me parece, de una aceptación y de una decisión. De la aceptación de ser quienes son (así de listos, así de guapos o de feos, así de valientes o cobardes). Y de la decisión de pasarse la vida aupándose encima de sí mismos, multiplicándose.

¡Pobre del mundo si un día se consiguiera que todos los hombres respondieran a patrones genéricamente establecidos y obligatorios! Leo Buscaglia (en un precioso libro que acaba de traducirse al castellano: *Vivir, amar y aprender*) cuenta una fábula que me parece muy significativa:

Los animales del bosque se dieron cuenta un día de que ninguno de ellos era el animal perfecto: los pájaros volaban muy bien, pero no nadaban ni escarbaban. La liebre era una estupenda corredora, pero no volaba ni sabía nadar. Y así todos los demás. ¿No habría modo de establecer una academia para mejorar la raza animal? Dicho y hecho. En la primera clase de carrera el conejo fue una maravilla y todos le dieron sobresaliente. Pero en la clase de vuelo subieron al conejo a la rama de un árbol y le dijeron: «¡Vuela, conejo!». El animal saltó y se estrelló contra el suelo, con tan mala suerte que se rompió dos de sus patas y fracasó en el examen final de carrera también. El pájaro fue fantástico volando. Pero le pidieron que excavara como el topo. Al hacerlo se lastimó las alas y el pico y, en adelante, tampoco pudo volar. Con lo que ni aprobó la clase de excavación ni llegó al aprobadillo en la siguiente de vuelo.

Convenzámonos: un pez debe ser pez, un estupendo pez, un magnífico pez, pero no tiene por qué ser un pájaro. Un hombre inteligente debe sacarle la punta a su inteligencia y no empeñarse en triunfar en deportes, en mecánica y en arte a la vez. Una muchacha fea difícilmente llegará a ser bonita, pero puede ser simpática, buena y una mujer maravillosa.

Sí; tendríamos que hacer todo aquello que dice un personaje de un drama de Arthur Miller: «Uno debe acabar por tomar la propia vida en brazos y besarla». Porque sólo cuando empecemos a amar en serio lo que somos seremos capaces de convertir lo que somos en una maravilla.

## 16
# VIVIR CON EL FRENO PUESTO

Recuerdo lo que me impresionó de muchacho una vieja tía mía, hoy ya muerta, que se pasaba el tiempo quejándose de que no la habían dejado vivir: siendo una muchachita murió su madre y tuvo que comenzar uno de aquellos interminables lutos de dos o tres años. Terminaba el duelo por su madre cuando fue el padre el que murió y tuvo que comenzar una segunda etapa de riguroso luto. Después fueron muriendo, dramáticamente escalonados, diversos familiares, que fueron prolongando su tiempo de negro desde los dieciocho años hasta los treinta y tantos. Y lo malo no era, claro, el tener que vestir de oscuro. Lo grave era que el luto llevaba consigo el no acudir a reuniones familiares; mucho menos el ir a fiestas o bailes; y terminaba por conducir a una muchacha de la época a una vida semimonacal. ¿Resultado? Que mi tía nunca pudo hacer nada de lo que soñaba cuando era joven. Y que, cuando hubiera podido hacerlo, era ya tarde. Con lo que muy bien pudo decir como aquel personaje de Thoreau: «¡Oh, Dios, llegar al lindero de la muerte y descubrir que nunca se ha vivido nada!».

Pero hay gente cuyo destino es aún peor: porque han llegado a esa misma conclusión sin que a ello les obliguen las costumbres o las circunstancias de su tiempo, sino su propia cobardía que no les dejó literalmente vivir.

Recuerdo haber leído en un tratado de psicología el escrito de un viejo de ochenta y cinco años que, en vísperas de la muerte, envió a sus nietos una carta en la que se «arrepentía» de haber vivido marcha atrás y con el freno puesto. Decía: «Si tuviera que vivir de nuevo mi vida, trataría de equivocarme un poco más en esta ocasión. No intentaría ser tan perfecto. Me relajaría más. Me haría más flexible. No me tomaría en serio tantas cosas. Haría algunas locuras más, no sería tan circunspecto, ni tan equilibrado. Aprovecharía más oportunidades, haría más experiencias, escalaría más montañas, nadaría en más ríos, contemplaría más puestas de sol, tomaría más helados y menos alubias. Tendría más preocupaciones reales y menos imaginarias. Fijaos: yo he sido de esas personas que viven con un método y una higiene absolutos, hora tras hora, día tras día. Uno de esos que no van a ninguna parte sin un termómetro, una camiseta de lana, un elixir para enjuagarse la boca, un botiquín y un impermeable. En mi nueva vida viajaría más ligero. Haría muchas más excursiones y jugaría con más niños. Desgraciadamente, no va a ser así».

¿Hay que esperar a la muerte para descubrir estas cosas? ¿No sería mejor que cada uno de nosotros se mirase hoy al espejo, se diera cuenta de todas esas cosas que quiso hacer y nunca hizo y... comenzara a hacerlas mañana mismo?

Entiéndanme: no estoy invitando a mis lectores a la locura, pero sí quiero decirles que vivir siempre «con freno y marcha atrás», renunciando a todo lo que de veras amamos, es una manera innecesaria de adelantarse la muerte.

Yo temo mucho que nos hayan educado demasiado para la perfección. Y no es lo malo el buscar la perfección, lo peligroso es amarla de tal manera que, para evitar errores, se termine no en la perfección, sino en la más absoluta mediocridad. Porque para muchos padres y superiores la gran norma pedagógica es: «En caso de duda, apueste usted siempre por el no, elija el estarse quieto». Quienes tanto temen equivocarse prefieren esquivar todo riesgo y se condenan a no vivir o a vivir acorazados. Y así es como muchos se van mutilando de todo lo importante (porque todo lo importante es arriesgado) y se van volviendo solemnes y secos, perfectísimos e inútiles, pensando –incluso– que hacen un honor a Dios no utilizando –para no exponerse a mancharlo– el regalo de la vida que él les dio.

Con las preocupaciones ocurre lo mismo. ¿Cuántas son reales y cuántas imaginarias? Si un día hiciéramos balance de todo lo que hemos sufrido, descubriríamos que en el noventa por ciento de los casos no sangrábamos por lo que nos ocurría, sino por lo que temíamos que nos pudiera ocurrir. Y que en la mayoría de estos sufrimientos anticipados, al final nunca ocurría eso que nos había hecho sufrir innecesariamente.

Sobre la tumba de uno de los personajes de una de sus novelas, el padre Coloma pone una frase bíblica que podría ser epitafio de dos terceras partes de la Humanidad: «Fuego fatuo cegó mis ojos y pasé junto a mi dicha y la pisoteé sin conocerla».

Sí, la dicha está ahí, al alcance de todos. Pero la mayoría prefiere deslumbrarse por fuegos fatuos. Auntie Mame dijo lo mismo con frase más desenvuelta: «La vida es un banquete, y la mayoría de los malditos tontos se mueren de hambre». ¡Lástima!

17

# EL ALMA SIN DESDOBLAR

A veces, entre las muchas cartas que recibo, llegan las de quienes discrepan de mis artículos, las de quienes temen que en ellos defienda yo demasiado la vida, las que, incluso, se escandalizan porque dicen que lo mío es –¡nada menos!– un paganismo anticristiano. Piensan que un sacerdote debería entender la vida como negación, como sistemática renuncia, que no debería valorar tanto las realidades de este mundo y pedir, en cambio, a sus lectores que esperasen la vida perdurable que vendrá al otro lado. Hay quien, incluso, me acusa de defender demasiado la alegría y me explica que Cristo no se rió nunca y que la carcajada es sin duda fruto de «un alma depravada».

Yo leo esas cartas con respeto, pero lamentando mucho no poder compartir el jansenismo (que no cristianismo) que respiran. Y prefiero seguir en mi batalla de explicar que ser cristiano es ser «más» hombre y no hombres renuentes, asustados, enlutados, confundidores de la esperanza con la Babia expectante. Siempre he creído que Cristo fue precisamente eso: el ser humano que ha vivido más en plenitud, el único que realmente existió completamente «a tope», siempre vivo y despierto, siempre ardiente y quemante, el único que jamás conoció el aburrimiento, incapaz del bostezo, la misma juventud.

No es verdad que el paganismo sea el exaltador de la humanidad. Tal vez consiga valorarla, pero sólo el cristianismo sabe engrandecerla, exaltarla, ponerla a la altura de los sueños del hombre. Y si los cristianos no logramos transmitir esta «pasión de vida» mal podremos luego quejarnos de que los movimientos más anticristianos se apoderen de las mejores banderas de la condición humana (como ha venido sucediendo en siglos pasados).

Naturalmente, cuando yo canto el entusiasmo de vivir no estoy diciendo que la vida sea dulce. El dolor, la muerte, la cruz, la injusticia, la opresión, están ahí y haría falta mucha ceguera para no verlas. Lo que digo es que hay que coger con las dos manos tanto el dolor como la alegría y enfrentarse a la muerte con la misma pasión con la que nos enfrentamos a la vida. El dolor es humano, el amodorramiento, no. La cruz es cristiana, la galbana, no. El llanto es una forma de vivir, la morfina es un modo de deshumanizarse. Cristo nos invitó a coger la cruz y seguirle, no a tener miedo a la vida y tumbarnos, aunque nos engañemos diciendo que nos tumbamos a esperar.

Bernanos habló una vez de la gran cantidad de gentes que viven con las almas dobladas. «No se puede decir más que con espanto el número de hombres que nacen, viven y mueren sin haber usado ni una sola vez su alma, sin haberla usado ni siquiera para ofender a Dios. ¿El infierno no será precisamente el descubrir demasiado tarde, el encontrarse demasiado tarde con un alma no utilizada, cuidadosamente doblada en cuatro y estropeada por falta de uso como ciertas sedas preciosas que se guardan y no se usan precisamente por ser tan preciosas?».

«¿Es posible –se preguntaba angustiado Rilke– que se pueda creer en Dios sin usarlo?». ¿Es posible que la gente viva sin usar sus vidas, sin invertir sus almas, acoquinados ante el dolor e indecisos ante la alegría, como el bañista tímido que nunca va más allá de meter el pie en el agua y sin jamás chapuzarse en ella?

«Cuando un alma se repliega sobre sí misma –decía san Agustín– llega a tocar sus propias raíces». Y esas raíces son la fuerza vital del Creador puesta en el ser humano al principio de los tiempos. Sí, es cierto que esa fuente está llena de lodos y hojarasca y sube desde ella a ratos un olor a muerte, pero también es cierto que sigue siendo un «agua viva» en la que «quienes beben nunca tendrán más sed».

Esa es la razón por la que yo me siento absolutamente incapaz de separar mi amor a Dios de mi amor al mundo, por la que jamás entenderé que se contraponga lo que él unió en su creación. El «hacia arriba» y el «hacia adelante» son para mí –como para Teilhard de Chardin– una misma tarea. No logro creer que podamos «basar el desarrollo sobrenatural en desembarazarnos de lo que es naturalmente atractivo y noble». Y me siento terriblemente feliz de tener un solo corazón y amar con él a Dios, a mis amigos, a la música y a la primavera.

Normalmente en este «Cuaderno de apuntes» yo hablo pocas veces expresamente de Dios. Pero yo sé que hablo de él siempre que aludo al amor o a la vida. Porque a mí lo que me da tantas ganas de vivir es el parecernos a él y lo que me empuja a amar es saberme amado. Por eso pido a mis «inquisidores» que no se preocupen si yo pido a la gente que «desdoble» sus almas. No les estoy incitando a la locura o al pecado. Les estoy alejando del horrible pecado de vivir con las almas dobladas y muertas.

## 18

# LOS OJOS ABIERTOS Y LIMPIOS

Entre las muchas cartas con las que algunos amigos comentan, discuten o apostillan estos apuntes de mi cuaderno, llegan a veces algunas que me ayudan a mí mucho más de cuanto pudiera ayudar yo a mis lectores. Quiero citar hoy un fragmento de una que me parece un pequeño tesoro. Es la de una madre que me habla de la muerte de uno de sus hijos. Describe el «dolor irracional, salvaje» que sintió al enterrarle, cómo tuvo «que apretar los labios hasta hacerlos sangrar para no soltar un aullido de dolor como un animal cualquiera». Pero me dice, a continuación, que es cierto que el dolor puede convertirse en resurrección. Y me explica cómo aquella espantosa experiencia –lejos de envenenarla– ha servido para descorrer una cortina en su vida y ensanchar su alma:

«Verá: mi hijo murió en la Seguridad Social, donde jamás había entrado y donde, con la boca abierta, pude comprobar el trato que recibían muchas madres angustiadas: la frialdad, el anonimato y la indiferencia, cuando no la mala educación, con que se rellenaban las actas de ingreso, cuando muchas veces era (y se sabía) un ingreso definitivo. Mis hijos han nacido todos en la clínica de su abuelo; y para mí el dar a luz era un mal rato que en seguida se cubría de flores, lazos y bombones; mimada por un personal reducido que se desvivía por atenderme, porque me quería. Aquel contacto con ese aparato monstruoso de la burocracia y ser tratada como un número ¡me hizo comprender tantas cosas! No sé cómo se llegará allí a la vida, pero sí sé en qué convierten allí la muerte de los que allí mueren. Las cámaras, el número morado sobre el sudario, las risas de los que buscaban en el fichero, la brutal indiferencia... ¡fue alucinante! Pero ahora entiendo mejor 'a la gente', como dicen mis amigas, sus rebeldías, sus amarguras. He visto el dolor maltratado y he descubierto otras maneras de vivir bastante más duras de lo que yo creía.

Después de todo eso nació Mercedes, que es una pura alegría. ¡Si viese el respeto con que acogí su cuerpecito recién nacido! ¡Si viese con qué agradecimiento bauticé a mi niña y me sentí responsable de su existencia! ¡Cómo desde que mi pequeño murió agradezco, con una humildad hasta ahora desconocida, a Dios la vida de cada día! Veo que la muerte de mi niño, que yo quería que Dios evitase (porque no dudaba de que, si podía crear un universo, sería para él pan comido arreglar una pequeña venita de mi niño), ha servido para que yo pudiese conocer unas existencias 'reales' que sólo conocía de referencias y para agradecer a Dios cada minuto de mi vida y de la de los míos».

Dije que la carta era un tesoro, y no me arrepiento. Y me gustaría que se leyese con atención: esta mujer, en un momento especialmente duro, en esas horas en las que todo tiende a que nos encerremos en nosotros mismos y veamos sólo nuestro propio dolor, supo permanecer con los ojos abiertos. Vio el espanto del «dolor maltratado», pero supo no quedarse con él, sino ir más allá. Y aprender. ¿Se han fijado que no hay un solo adjetivo contra una sola de las «personas» de la Seguridad Social? Cuenta los hechos y a nadie condena. Nada dice de cómo trataron a su hijo, cuenta cómo trataban a los demás. Y no se detiene siquiera en lamentar ese maltrato. Aprende a descubrir, a través de él, las rebeldías y amarguras de la gente. Y saca de ello un torrente de nueva luz para su vida personal.

Creo que si queremos entender el mundo y nuestras vidas, hay que empezar por partir de una premisa: que todos somos ciegos, o semiciegos o, por lo menos, daltónicos. Vemos lo que queremos ver. Sin que nadie nos coloque forzosas orejeras, vemos todos parcelándonos la mirada, reduciéndonos a ciertas zonas de la realidad, eligiendo nuestros trozos de mundo para vivir más cómodos, hasta que terminamos por creer «sinceramente» que nuestro mundillo es el mundo. Pero desconocemos ocho de sus décimas partes. El creyente acaba por creer que todos o casi todos creen. El incrédulo se autoconvence de que eso de la fe es cosa de siglos pasados. El rico se autoasegura que «ahora la gente vive mejor». El pobre se inventa una caricatura de la vida de los ricos, que a lo mejor tiene que ver con los maharajás, pero no con el acomodado español medio. El hombre de derechas te asegura que «todos están que bufan con el Gobierno» y el de izquierdas que «las cosas empiezan a marchar». ¿Es que todos mienten? No. Es que todos terminamos por elegirnos unas cuantas docenas de amigos, que al fin son los únicos con los que verdaderamente hablamos, y concluimos que todos deben de pensar como nuestro circulito.

Es curioso: nos creemos libres e informados. Y todos vivimos dentro de campanas de cristal. Y, desde lejos, condenamos a cuantos no encajarían dentro del aire de nuestra campana. Todos –y no sólo los exquisitos– vivimos en nuestras torres de marfil y, desde ellas, disparamos a lo que nos rodea. Tienen que venir algunas experiencias dramáticas para que abramos los ojos y empecemos a entender. Y, cuando se ha empezado a entender, ya se está dispuesto a comprender y aceptar a los demás.

Los inquisidores no eran unos señores raros. Eran lo mismo que nosotros, sólo que con más poder. El poder hace que resplandezca nuestra verdad. Haz a un demócrata director de algo, y a los tres meses actuará como un dictador. Concede fuerza a un liberal, y obrará como un autoritario. Dale mando a quien más haya hablado de respeto y pluralismo, y le verán imponiendo como auténticas y exclusivas sus opiniones. Supongo que no hace falta que citemos ejemplos.

Comprender es otra cosa. Y empieza por salirse de sí mismo y entrar en la piel del vecino antes de juzgar. Y sigue por la aceptación de un principio que diría algo así: «Mi prójimo es bueno mientras no se demuestre lo contrario. Lo que mi prójimo dice es cierto, o al menos razonable, mientras no se demuestre lo contrario». Dos principios que ninguno seguimos, porque hemos entronizado los contrarios.

San Ignacio lo dijo hace muchos siglos: «Se ha de presuponer que todo buen cristiano ha de estar más dispuesto a salvar las opiniones del prójimo que a condenarlas. Y si, cuando las ha entendido, las sigue viendo malas, corríjale con amor. Y si esto no basta, busque de todas las maneras el modo de que esas opiniones, bien entendidas, se salven».

Hacemos lo contrario: si en lo que nuestro adversario dice hay dos interpretaciones posibles, elegimos la peor. Si hay un diez por ciento torcido y el resto es salvable, nos empozamos en ese diez por ciento. Y sufrimos cuando no encontramos nada que atacar.

¿Cómo podrán los hombres entenderse así? ¿Cómo aprovecharán las muchas cosas duras de la vida para encontrar en ellas algo que les ayude a ellos a despertar y mejorar?

Gracias, querida amiga, por su carta. Gracias por haberme dado un ejemplo visible de cómo hasta en el dolor maltratado puede haber resurrección cuando se vive con los ojos abiertos y limpios.

# 19
# TODOS MANCOS

Dice el refrán que dentro de cien años todos calvos. De momento, sin esperar a que llegue la muerte, la civilización actual ya ha conseguido que todos seamos mancos, gracias a esa disparatada división de la cultura que hace que humanistas y científicos parezcan dos razas o dos humanidades que convivieran yuxtapuestas, ya que no contrapuestas.

De niños estábamos abiertos a todo: a uno le gustaban más las ciencias que las letras o viceversa, pero tenía, de todos modos, que examinarse de las unas y las otras. La historia, la literatura y las matemáticas eran nuestro sino o nuestro castigo, pero todas terminaban pasando de algún modo por nuestras cabezas. Mas, asombrosamente, cuando llega el momento en que empezamos a pensar de veras, viene Santa Especialización con las divisiones y te dicen que tienes que elegir. ¿Ciencias? ¿Letras? Hay que dejar lo uno para coger lo otro. Como si todo el mundo tuviera que elegir uno de sus dos brazos al llegar a la adolescencia. Desde ese día todos somos mancos del alma. Desde entonces todos somos medio hombres. Tal vez un medio hombre magnífico, pero en todo caso con media alma renunciada.

Pero la cosa no termina ahí: unos años más tarde te obligan de nuevo a elegir dentro de lo elegido. ¿Historia? ¿Arte? ¿Románicas? ¿Modernas? O tal vez: ¿Físicas? ¿Químicas? ¿Medicina? Y dentro de ella: ¿Estomatología? ¿Endocrinología? Ahora es como si tuvieras que elegir un solo dedo dentro del solo brazo que te había quedado activo.

Curioso mundo éste que hemos construido. Durante muchos siglos el hombre culto lo era sin adjetivos ni especializaciones. Aristóteles escribía sobre filosofía y ciencia. Leonardo pintaba, construía acueductos y máquinas voladoras y, al mismo tiempo, escribía tratados de arquitectura y era notario de la Señoría de Florencia. Miguel Ángel mezclaba pinceles y sonetos. Y Pascal o Descartes amaban tanto las matemáticas como la filosofía. Los sabios aspiraban a serlo en todas las dimensiones de la cultura y a nadie sorprendía que Galileo tocase el laúd entre dos investigaciones sobre el peso de los sólidos o la curva de los planetas.

Pero «hoy las ciencias adelantan que es una barbaridad». Una barbaridad tan grande que ya no hay ser humano capaz de abarcarlas todas ni siquiera medianamente. Así que al sabio universal de ayer le ha sustituido el especialista de hoy, que es un señor que sabe cada vez más cosas sobre menos cosas; que se acerca a la perfección cuando consigue saber casi todo sobre casi nada, y que la alcanza cuando ya sabe absolutamente todo sobre absolutamente nada. ¡Glorioso mundo éste en el que a lo más que podemos aspirar es a ser genios en una cosa y analfabetos en diez mil! Es como si jugásemos una extrañísima partida de ajedrez que tuviere un solo cuadro con una sola ficha. Eso, a no ser que apostemos por la frivolidad ambiente y acabemos siendo, como los más, conocedores de una sola cosa: la marcha del campeonato de fútbol.

Grave problema, sí, el que se les plantea a los muchachos de nuestro tiempo, aspirantes todos ellos a mancos culturales. Porque llegan a un mundo en el que privan los encasillamientos. Hace meses ganó un premio de novela un biólogo y los periodistas corrieron hacia él con sus preguntas asombradas: ¿Cómo es posible que un biólogo sepa escribir una novela? No se habrían asombrado más si llega a ganar el premio un orangután.

Es, sin embargo, un hecho que el especialismo, que nos ha impuesto el ensanchamiento de la ciencia moderna, termina por emparedarnos dentro de nuestra elección. El que ha elegido ciencias sabe que ya prácticamente sólo leerá libros de ciencias, revistas de ciencias y pasará toda su vida entre profesionales de lo mismo. Mientras, las letras se les van quedando como una mano zurda que tienen ahí, pero no les sirve para nada. Y lo mismo, sólo que al revés, ocurre a quienes eligieron profesiones humanísticas.

Y éstas todavía tienen la suerte de contar con un mejor predicamento. La gente encuentra normal que uno se haga abogado o se especialice en novela contemporánea. Pero piensa que algún tornillo le falta al que se especializa en Astrología o en el estudio de la paraproteína beta. ¿Cuántos injustos chistes no se habrán hecho sobre el investigador, al que se sitúa en una Babia permanente?

¡Qué alegría, en cambio, cuando te encuentras un especialista que no por serlo ha dejado de ser humano! Conozco a un eminente embriólogo que es especialista en Haendel. Sé de catedráticos de griego que ocultan, con pudor, su cariño a la botánica. Y soy muy amigo de un ilustrísimo abogado que publica sus libros de poesía con seudónimo, porque está seguro de que nadie le encargaría un pleito si sus clientes supieran que es poeta.

Puedo citar ejemplos más ilustres: ¿No es un gozo que nada menos que el director de la Real Academia de la Lengua sea un ilustre médico? ¿No consuela saber que Miguel Delibes ha sido durante muchísimos años profesor de la Escuela de Comercio y que confiesa que aprendió a escribir en un tratado de Derecho de Garrigues? ¿No tenemos en Zubiri un enorme matemático? La lista, gozosamente, sería interminable. ¿Y quién no preferiría a uno de estos hombres enteros, sin mutilaciones culturales, antes que a esos ilustrísimos en una cosa, con quienes no puedes hablar sino de ella?

Me parece que a los jóvenes de hoy habría que explicarles muy bien que la especialización es algo que impone el volumen de la ciencia moderna. Pero que eso no obliga a la mutilación cultural. Que a un apasionado de la cibernética puede entusiasmarle la pintura y que no hay contraste entre la geología y Beethoven. Que no es lógico que a un médico o a un arquitecto tengamos que terminar regalándoles siempre bandejas de plata por temor a que los libros de literatura o los discos no les gusten. Explicarles también que no hay ciencias «buenas y malas», puesto que todas son dignas, y que sólo es indigna la que le atrofia a uno todo el resto del alma. Enseñarles que, como los futbolistas, uno debe tener su «pierna buena», pero que ni los cojos sirven para el fútbol, ni los mancos para el baloncesto, ni los mutilados del alma para la verdadera, ancha y plural cultura.

# 20
# EL OCASO DE LA CONVERSACIÓN

¿Se acuerdan ustedes de Clarisse, la niña que pinta Ray Bradbury en una de sus novelas, que vivía en el año dos mil nosecuántos y que, al dedicarse a observar a la gente de su siglo superperfectísimo, hacía un horripilante descubrimiento? Clarisse había llegado a descubrir que los «hombres, cuando hablan, no hablan de nada. Citan automóviles, ropas, piscinas y dicen ¡qué bien! Pero siempre repiten lo mismo y nadie dice nada diferente».

A veces temo que en el mundo hacia el que vamos pasen esas cosas. Lo temo... porque ya están pasando, porque hemos entrado en el siglo del ocaso de la conversación.

Yo debo de ser un bicho raro porque, entre mis muchos vicios, tengo el de escuchar conversaciones en los bares. Sé que no está bien, sé que no es correcto. Pero sé también que ninguno dirá nada de lo que yo no debiera enterarme, por la simple razón de que nadie dirá nada en absoluto, nada que merezca ser oído, quiero decir.

A veces me paso horas oyendo el giro de millones de palabras y todas están vacías, nadie saca trozos de su alma al decirlas, no son el escaparate de su corazón, son sólo palabras, sonidos que quizá tampoco signifiquen nada. Y compruebo que, es verdad, «citan» automóviles, marcas, nombres de jugadores de fútbol, aluden al tiempo que hace, maldicen de algo o de alguien, amontonan sílabas, pero, cuando las dicen, ellos no están allí, su alma no está allí, no se vuelcan en sus palabras, charlotean como podrían hacer gárgaras. Luego terminan corriendo, se van a otro charloteo o a otro sitio, enhebran cáscaras de sí mismos, pero nadie se juega su destino en lo que está diciendo.

Yo salgo, entonces, triste de las cafeterías, que son como el cementerio mayor de las palabras, y encima tengo la crueldad de ir y preguntarme a mí mismo: José Luis, ¿cuánto tiempo hace que no tienes una conversación, una que merezca con razón ese maravilloso nombre? Y descubro que yo soy uno más: que tengo diez mil charloteos por cada conversación que mantengo, que raramente llego a dos verdaderas conversaciones cada mes. Me cruzo con las gentes en los ascensores, en las calles, en los autobuses y mascullo esas cuatrocientas palabras que siempre son las mismas, y tras las que nos separamos sin que nuestras almas hayan entrado en absoluto en un intercambio de jugo espiritual.

Sólo a veces, muy pocas veces, se produce el milagro. Este mes ha ocurrido dos veces y voy a poner en mi calendario una cruz roja para señalarlo como un mes especialmente feliz. Ha sucedido en dos cenas con dos grupos de amigos. Ni yo mismo esperaba que se produjese. De pronto, comenzamos a hablar de nuestras vidas, del sentido de nuestra existencia en este mundo, nos confesamos, sacamos las almas y las pusimos encima del mantel, cada uno ayudó a su vecino con su ración de alegría y esperanza y salimos del restaurante infinitamente más felices del manjar de la conversación que de los digeridos. ¡Con decirles que ni nos molestó la cuenta!

Hablamos mucho, conversamos poco. «Conversar», dice el Diccionario de Corominas, es «vivir en compañía». ¡Qué doble milagro: vivir y hacerlo en compañía! Santa Teresa –ese milagro que una vez tuvimos los españoles– decía a sus monjas que fueran «cuanto más santas, más conversables». Y recuerdo que pensé: «Ya está Teresa inventado palabras». Pero fui al diccionario y allí estaba: «conversable: tratable, sociable, comunicable». Sí, un santo es eso: uno con quien da gusto hablar. Por eso hay tan pocos santos en el mundo, porque todos nos hemos vuelto desconversables.

Ahora busquen ustedes también en el diccionario esta otra palabra. Existe. La hemos olvidado precisamente porque es el adjetivo que mejor define al hombre del siglo XX: desconversable. El Corominas lo traduce como «retiradizo y desapacible». El Diccionario de la Real Academia, como «de genio vivo; que huye de la conversación y trato de las gentes; que ama el retiro y la soledad». En esto no, en esto último no somos desconversables: porque ni amamos la soledad ni el verdadero diálogo.

Vuelvo a añadir el adjetivo «verdadero» a la palabra diálogo, porque ahora la gente llama diálogo a cualquier cosa: a los charlataneos de tertulia, a los insultos de hincha contra chincha, a la polémica de vinagre y aguijón, al cruce de frivolidades con superficialidades. Yo prefiero llamar diálogo al encuentro sereno en el que dos almas se desnudan y se encuentran. Es decir, a eso que ya no existe. Se lo tragó la prisa. Lo devoró el exceso de trabajo. Lo enterró la televisión.

Porque el mayor asombro es que, salvo excepciones milagrosas, marido y mujer hablan, pero no conversan; padres e hijos discuten o se lanzan evasivas, pero no conversan. Y esto no es ya sólo una devaluación, es un suicidio humano.

Tengo entre mis manos una encuesta realizada entre veinte mil niños alemanes en la que se les pregunta por sus relaciones con sus padres: la casi totalidad tienen una misma queja: sus padres no hablan con ellos, cada vez lo hacen menos.

– Veo a mi papá sólo el fin de semana –dice un chiquitajo–, pero entonces tiene que limpiar el coche, o se va al fútbol o se marcha no sé dónde sin decir nada.

– Papá –cuenta otro– se pasa mucho tiempo leyendo el periódico y todo el domingo se lo pasa tumbado en el sofá. Cuando yo sea mayor no voy a hacerlo: me quedaré en casa jugando con los niños y les ayudaré en sus tareas escolares.

– Antes de tener la televisión –dice una niña– papá jugaba con nosotros, pero ahora siempre grita que nos estemos callados y no hace más que ver la televisión.

– Mi padre sería el hombre ideal –comenta un mocito– si tuviese buen humor y nos dedicara más tiempo. Así podríamos ser todos felices y podríamos reírnos un poco todos los días.

Podría llenar páginas y páginas de citas. Todas gritan lo mismo: la terrible soledad interior de muchos niños que creemos que son «locos pequeños» y que sólo son hombres pequeñitos que tienen ya un alma que querrían intercambiar con las de sus padres.

## 21

# ALCANZAR LAS ESTRELLAS

Recibo con frecuencia cartas de muchachos que viven hambreando el éxito. Son adolescentes que me envían poemas, cuentos, novelas incluso, con los que esperan tocar, de un día para otro, las estrellas con la mano. Mendigan elogios, piden ayudas, sueñan triunfos, ansían aplauso y fama, temen que no podrán seguir viviendo si el laurel se retrasa.

Y esas cartas me llenan, a la vez, de alegría y angustia. De alegría porque nada hay más bello que encontrarse con un joven ardiendo. Y de angustia porque yo sé que, desgraciadamente, la llama del éxito no es tan sólo reluciente, sino con demasiada frecuencia devoradora y destructora.

Lo diré sin rodeos: no conozco cosa más peligrosa que esa moral del éxito que se ha impuesto en nuestra sociedad y según la cual el nivel de una vida humana se mide por el triunfo externo conseguido. Y obsérvese que no hablo sólo de los triunfos económicos, de los éxitos sociales. Quiero aludir al peligro enorme de poner como objetivos centrales de la vida el brillo, la apariencia, la misma eficacia, el aplauso, ese viento vacío de la popularidad o la fama. Porque no creo que ni siquiera merezca la pena hablar de esas visiones idiotas del éxito que presentan los anuncios y en los que triunfar es poseer el mejor automóvil o lucir a la esposa más enjoyada.

Por eso escribo a veces a estos muchachos palabras que supongo que les desconciertan. Les digo, por ejemplo, que si escriben «para» triunfar, mejor es que no escriban. Que escriban sólo si lo hacen porque les estalla lo que tienen dentro, porque no podrían ni sabrían vivir sin escribirlo. Que escribir «para» el éxito y sólo para el éxito es una forma de prostitución de la pluma. Y, además, una prostitución estéril, cuya inutilidad sólo se descubre cuando el éxito se ha alcanzado, mientras que va dejando una siembra de amargura cuando no se consigue o su logro se retrasa.

Lo malo del asunto es que yo sé que los jóvenes difícilmente pueden entenderme. Hace falta haber cumplido los cincuenta años y haber tenido ya algún éxito, o haberse vuelto lo suficientemente cínico, para descubrir que ese tipo de triunfos no pueden llenar a un alma medianamente noble. Es un vino demasiado agradable y tiene demasiados cómplices (en la vanidad, en los que nos adulan, en la misma santa y limpia ambición) como para que no se convierta en sed incluso de las almas mejores.

Pero habrá que repetirlo aunque resulte inútil: el verdadero objetivo de la vida no puede estar en algo tan pasajero como la opinión ajena, el brillo o los aplausos.

«El éxito –decía Víctor Hugo– es una cosa bastante repugnante: su falsa semejanza con el mérito engaña a los hombres». Esta es la primera de las grandes claves: el éxito en el mundo raramente tiene correspondencia con el mérito. Muchas veces llega en proporción inversa a él.

Es demasiado evidente que en el mundo no triunfan ni brillan los mejores, ni los más listos, ni quienes mayormente lo merecían. ¡Sería espantoso que lo mejor del mundo fuera lo que en él vemos brillar! Son, en cambio, tales y tantas las carambolas que conducen al éxito o al fracaso, que sólo con una abierta sonrisa pueden ser valorados el uno y el otro. Cualquiera puede comprobar, al cabo de algunos años, que ha conseguido los más fuertes aplausos con sus obras o acciones más débiles y que, en cambio, sus frutos maduros y verdaderos pasaron, con frecuencia, inadvertidos. Dos de cada tres escritores certifican que, desde su punto de vista, la calidad de sus libros es inversa al dinero que les han producido.

¿Tal vez porque es cierto aquello que con tanto pesimismo decía Baroja de que «el éxito rápido sólo puede conseguirse adulando al público o mintiendo»? Es muy probable. Puede que el tiempo haga justicia a la calidad. De momento se imponen siempre la moda, el capricho, la ventolera.

Tenía razón Camus cuando aseguraba que «no es difícil obtener éxito. Lo difícil es merecerlo». No, no es demasiado difícil: basta ponerse, con un poco de inteligencia y una cierta dosis de audacia, en la longitud de onda que impera en un determinado momento. Lo difícil es que el viento del éxito no te atrape. Lo peliagudo es que la sombra del laurel –como temían los antiguos griegos– no te embriague o adormezca. Lo casi imposible es que una persona seria viva toda su vida de los aplausos de un día (porque ¿qué son los aplausos sino viento, ruido y fruta de estación?).

Y si no puede vivirse de cara al éxito, ¿hacia dónde encarrilar la vida? ¿Hacia qué estrellas tender las manos?

No parece difícil descubrir que las estrellas empiezan por estar dentro, que mejor que servir a la veleta de las opiniones ajenas es trazarse una meta más alta y más grande que nuestra propia alma y tensarse hacia ella como un arco. ¿Qué pueden significar todos los aplausos del mundo frente a la alegría de estar luchando por algo que nos llena y saber que uno está haciendo una tarea que le multiplica el alma?

Otras estrellas están fuera; pero no en el aplauso «de» los que nos rodean, sino en el servicio «a» todos ellos. Si se me permite aquí una confesión, yo podía decir que recibo con una sonrisa pasajera las cartas en las que se me piropea, pero con una alegría interminable aquellas en las que alguien me dice que una palabra mía le fue útil. Eso sí que es un milagro: estar viviendo de algún modo en los demás. Tener esa misteriosa forma de fecundidad que hace que uno pueda engendrar alegrías, ideas o ganas de vivir en un alma diferente de la nuestra. ¡Qué prodigiosa paternidad ésa por la que todos terminamos por ser hijos de todos! Yo cambiaría todos los aplausos del mundo por el cariño de una sola persona, porque no hay éxito como el ser querido y no hay mayor desgracia que haber alcanzado el éxito a costa de que nadie nos quiera.

¡Qué maravilla poder morirse sabiendo que nuestro paso por el mundo no ha sido inútil, que gracias a nosotros ha mejorado un rinconcito del planeta, el corazón de una sola persona! ¡Y qué espantosa esterilidad la de descubrir, a la llegada de la muerte, que hemos sido el bufón de muchos, pero que los más nos despreciaban a la misma hora en que nos admiraban, aplaudían o rociaban de incienso!

Hay todavía un tercer éxito verdadero: ser útiles en la eternidad, habiendo aportado una brizna de felicidad al gran Padre, con mayúscula. Pero éste es un gozo tan grande que yo no me atrevo a hablar de él y casi ni a soñarlo.

Haber caminado –incluso haber intentado caminar– hacia esa triple meta me parece infinitamente mejor que alcanzar las estrellas de lo que solemos llamar éxito. Ese éxito que, cuando llega, es tan agradable como un refresco en verano. Pero nadie vive para tomar naranjada en los días de calor.

## 22
# LA PAZ NUESTRA DE CADA DÍA

Mi amigo Pepe Cóleras es un antimilitarista furibundo. Vive, desde hace algunos años, obsesionado por el tema de la guerra. Se sabe de memoria el número de cabezas atómicas que tiene cada uno de los posibles contendientes, la instalación de los misiles, la capacidad de sus portaaviones y bombarderos, la cifra de posibles megatones que podrían hacer estallar.

Pero Pepe no se contenta con conocer las cosas: las pone en acción. No hay manifestación antibelicista o ecologista en la que no tome parte. Es experto en pancartas, en *slogans*, en canciones pacifistas. No fue objetor de conciencia porque descubrió el antimilitarismo cuando ya quedaba lejos el servicio militar, aunque aún sueña a veces con los años de cárcel que hubiera podido pasar en caso de haber sido tan gloriosamente objetor.

Para compensar este retraso, Pepe Cóleras se ha encadenado ya cuatro veces a la puerta de otros tantos cuarteles y ha participado ya en varias marchas contra centrales nucleares, y nada menos que en cuarenta y dos –contadas las lleva– manifestaciones contra la OTAN. Aún enseña con orgullo la cicatriz («la condecoración», según él) que una pelota de goma le dejó en el pómulo y la oreja derechos.

Lo extraño es que todo este pacifismo se le olvida a Pepe en su vida cotidiana, que parece más inscrita bajo el signo de su apellido que de sus planteamientos antibélicos. Porque Pepe es discutidor y encizañador en la oficina, intolerante con su mujer, duro con sus hijos, despectivo hacia su suegra, áspero con su portero y sus vecinos. Y toda la paz que sueña para el mundo se olvida de cultivarla en su casa.

Escribo esta pequeña parábola no para devaluar la acción pública contra la guerra (en un mundo tan loco como éste en que vivimos, todo servicio a la paz merece elogios), sino para recordar que, al fin, la gran paz del mundo sólo se construirá con la suma de muchos millones de pequeñas porciones de paz en la vida de cada uno. Yo tengo la impresión de que muchos de nuestros contemporáneos viven angustiados ante la idea de que un día un militar o un político idiota apretarán un botoncito que hará saltar el mundo en pedazos, y no se dan cuenta de que hay en el mundo no uno, sino tres mil millones de idiotas que cada día apretamos el botoncito de nuestro egoísmo, mil veces más peligroso que todas las bombas atómicas. Y a mí me preocupa, claro, la gran guerra posible; pero más me preocupa que, mientras tememos esa gran guerra, no veamos siquiera esas mil pequeñas guerras de nervios y tensión en las que vivimos permanentemente sumergidos.

¡Qué pocas almas pacíficas y pacificadoras se encuentra uno en la vida cotidiana! Hablas con la gente, y a la segunda de cambio te sacan sus rencorcillos, sus miedos; te muestran su alma construida, si no de espadas, sí, al menos, de alfileres. ¡Qué gusto, en cambio, cuando te topas con ese tipo de personas que irradian serenidad; que conocen, sí, los males del mundo, pero no viven obsesionados por ellos; que respiran ganas de vivir y de construir!

Hace años se publicó una novela que se titulaba *La paz empieza nunca*. A mí me gustaría escribir algo que se llamase «La paz empieza dentro». Porque me parece que creer que una posible futura guerra depende, ante todo, de los nervios o de la dureza de los señores Reagan o Gorbachov hoy, como se echa la culpa de las pasadas a Hitler o Stalin, es una simple coartada: la fabricación de chivos expiatorios para librarnos nosotros de nuestras responsabilidades. El mundo tiene líderes violentos cuando es el propio mundo violento. Si el mundo fuese pacífico, los líderes violentos estarían en sus casas mordiéndose las uñas. La guerra no está en los cañones, sino en las almas de los que sueñan en dispararlos. Y los disparan.

Me gusta, por eso, que el Diccionario cuando define la palabra «paz» ponga como primera acepción la interior y la defina como la «virtud que pone en el ánimo tranquilidad y sosiego, opuestos a la turbación y a las pasiones».

Con esta definición ciertamente el mundo está ya en guerra. Porque ¿quién conoce hoy ese don milagroso de un alma tranquila y sosegada? ¿Quién no vive turbado y con todas las pasiones despiertas? Nunca floreció tanto la angustia; nunca abundó tanto la polémica; nunca fueron tan anchos los reinos de la cólera y la ira. Basta abrir un periódico para comprobarlo.

Y, como es lógico, no estoy hablando de la falsa paz de los cementerios, de la que ya hablara hace un montón de siglos Horacio, el poeta latino: «Hacen un desierto y llámanlo paz». Hablo, por el contrario, de la paz como florecimiento de la vida, según aquello de Gracián que recordaba que «hombre de gran paz, hombre de mucha vida». O, si se prefiere, según la mejor definición que de la paz conozco, la que diera santo Tomás al presentarla como «la tranquilidad activa del orden en libertad». Hoy, es sabido, oscilamos entre el orden sin libertad y la libertad sin orden, con lo que nos quedamos sin tranquilidad y sin acción.

Habría que empezar, me parece, por curar las almas. Por descubrir que nadie puede traernos la paz sino nosotros mismos. Y que cuando se dice que hay que preparar la guerra para conseguir la paz, eso sólo es verdadero si se refiere a la guerra interior contra nuestros propios desmelenamientos interiores.

Las únicas armas verdaderas contra la guerra son la sonrisa y el perdón, que juntos producen la ternura. De ahí que alguien que quiere a su mujer y a sus hijos sea mucho más antibelicista que quienes acuden a manifestaciones. De ahí que un buen compañero de oficina que siempre tiene a punto un buen chiste sea más útil para el mundo que quienes escriben pancartas. O que quien sabe escuchar a un viejo y acompañar a un solitario sea mil veces más pacificador que quien protesta contra la carrera de armamentos. Porque el armamento que más abunda en este siglo XX es el vinagre de las almas, que mata a diario sin declaraciones de guerras.

No puedo ahora recordar sin emoción a uno de los más grandes pacificadores de este siglo, el querido papa Juan XXIII. Hizo mucho, ciertamente, con su *Pacem in terris*, pero esta encíclica, ¿qué otra cosa fue sino el desarrollo ideológico de lo que antes nos había explicado con su sonrisa? Con mil hombres serenos, sonrientes, abiertos, confiados y humanamente cristianos como él, el mundo estaría salvado. Pero no se salvará con pancartas y manifestaciones.

## 23

# VIVIR EN EL PRESENTE

Lo que más admiraba yo en Jorge Guillén era su capacidad para vivir apasionadamente el presente. Frente a otros poetas que hacen surgir su poesía de un afán por remasticar las amarguras viejas o de un hilar los sueños del futuro, Guillén en su obra evita hasta de los verbos en pretérito o en futuro, para montarlo todo sobre el disfrute del presente, de este pie que ponemos hoy aquí, de esta hora que hoy me ha sido concedida.

Y lo admiraba porque una actitud así ante la vida es de lo más infrecuente. Entre nosotros lo que abunda es la fuga hacia el ayer o hacia el mañana, la venta a la nostalgia o al ensueño.

Si no estoy equivocado, mis contemporáneos –salvo excepciones– se dividen en cuatro grupos: los que viven encadenados al pasado, unos por añoranza y otros por amargura, y los que viven magnetizados por el futuro, unos porque lo temen y otros porque en él ven la realización de todos sus sueños. Cuatro formas de huir de la realidad. Cuatro maneras de no estar verdaderamente vivos.

Muchos son los que siguen atados al pasado. Ahí están los que viven encadenados a un fracaso o a una herida que se diría que les hubiera cloroformizado el alma para siempre. Son las gentes que hoy se dedican a amargarse porque hace treinta años no les quiso su madre, les traicionó un novio o fracasaron en una oposición. No se han perdonado a sí mismos el viejo dolor y ahí viven, dando vueltas al ayer como un perro a un hueso. A ellos se suman los escrupulosos que se han inventado un Dios rencoroso e incontentable, ante quien tendrían que seguir expiando aquel viejo error de juventud que aún hoy a ellos les tortura, cuando Dios ya se ha cansado de olvidarlo. Son estatuas de sal que no logran vivir el presente de tanto mirar hacia atrás. Gentes que no quieren entender que «agua pasada no mueve molino» o, como dice un adagio ruso, «lamentarse por el pasado es correr en pos del viento».

Primos hermanos de estos «pasadistas» son los nostálgicos, esa peste humana que tanto se nos ha multiplicado últimamente en España. De repente, como a muchos no les gusta el presente y como no parecen tener agallas para modificarlo, a los más les ha dado por refugiarse en las añoranzas y pasarse las horas saboreando sus recuerdos como un caramelo de morfina. Pero ¿hay algo más tonto que la nostalgia? La Biblia llamó, hace más de veinte siglos, «necios» a quienes siguen preguntándose por qué siempre el tiempo pasado fue mejor. Sería bastante más sensato reconocer que no es que el mundo haya empeorado, es que nosotros hemos envejecido, es que no nos gusta reconocer que nosotros empezamos a ser los ex reyes del mundo porque los reyes ahora son otros. Pero cuantos vivan en el pasado, con él se irán a pique. Porque el destino del pasado es ser pasado, serlo cada vez más.

Y no diré yo que no haya un pasado que sirva para algo. Sirve en tanto en cuanto que ilumina el presente, en tanto en cuanto que es manantial de futuro. Es decir: sirve el pasado en la medida en que deja de serlo, en la medida en que se torna acicate y no añoranza.

Pero la verdad es que de cada cien que piensan en el pasado, tal vez uno lo hace para mejorar el futuro, mientras que noventa y nueve sólo como refugio sentimental porque no les agrada el presente, una torpe manera de engañarse a sí mismos y no vivir.

Estos encadenados al pasado viven también con frecuencia aterrados ante el futuro, con lo que su cadena es doble. Son como suicidas que no tuvieran el coraje de matarse y eligieran como forma de muerte lenta esa morfina de los sueños. Y asombrosamente ese pánico al futuro, que durante siglos fue enfermedad típica de viejos, se ha convertido recientemente en peste juvenil. Les han hablado tanto de la guerra nuclear que se lo han creído hasta el punto de que van a terminar anticipándola a base de falta de pasión por mejorar el mundo. El miedo atenaza al hombre contemporáneo como esas arañas que primero anestesian e inmovilizan a las moscas que cazan, para comérselas mucho más tarde.

Y encadenados al futuro –aunque desde el extremo opuesto– están quienes viven dilatando su vida y preparándose para un felicidad que dicen que va a venir, pero que de momento les impide disfrutar de las pequeñas felicidades que ya están viniendo. Son los que se pasan la vida posponiéndola. Primero piensan que llegará la dicha cuando se casen. Luego, cuando tengan hijos. A continuación, cuando los niños sean mayorcitos. Más tarde, cuando llegue la jubilación. No se dan cuenta de que quien repite cuatro veces que la felicidad vendrá mañana, la quinta vez dice que no llegará jamás. Los sueños excesivos son casi siempre el prólogo de la amargura.

Por todo ello, me gustaría gritar a mis amigos que la única manera de estar vivos es vivir en el presente. Que no hay manera de ser felices si no es siéndolo hoy. Que la fuga al pasado o al futuro son eso: fugas. Que un ser que quiere vivir de veras debería gritarse a sí mismo ante el espejo, cada día al levantarse, que esa jornada que empieza es la más importante de su vida. El pasado pasó. Ya sólo sirve para subirse encima de él y mirar mejor hacia delante. El futuro vendrá de las manos de Dios y en ellas ha de dejarse. Nuestra única tarea es el presente, esta hora, ésta. Dios mismo no nos espera en el mañana. Se cruzará hoy con nosotros. Nuestra misma resurrección ha comenzado en este momento que vivimos ahora.

Unamuno se irritaba, con razón, cuando la gente le hablaba del porvenir. «No hay porvenir –gritaba–. Eso que llaman el porvenir es una de las grandes mentiras. El verdadero porvenir es hoy. ¿Qué será de nosotros mañana? ¡No hay mañana! ¿Qué es de nosotros hoy, ahora? Esta es la única cuestión».

No sólo los jóvenes toman drogas. Ahora hay muchos viejos que se inyectan nostalgia del pasado o terrores ante el futuro, dos morfinas tan peligrosas como la heroína o la coca. Lo mismo que hay jóvenes que prefieren fumar sueños a trabajar, imaginarse revoluciones antes que ir cambiando lenta y dolorosamente este mundo. Mas ni los sueños ni las nostalgias moverán un solo ladrillo.

Sólo el presente existe. Y o soy feliz hoy o no lo seré nunca. O trabajo hoy o jamás trabajaré. O vivo hoy o seré sólo un muerto que sueña y que recuerda.

## 24

# PECADO DE AMOR

Hay una frase que me pone enfermo: la que habla de los «pecados de amor», y que a mí me parece tan contradictoria en sus términos como hablar de la nieve caliente o del círculo cuadrado. Supongo que con ella se quiere hablar de «pecados de debilidad» o de «pecados de desvarío sexual»; pero ¿por qué se dice, de dónde se saca eso de «pecado de amor», que se cuelga luego a la moral católica cuando ningún papa y ningún teólogo o moralista serio lo ha dicho jamás? Yo, al menos, estoy cansado de decir que no se puede pecar de amor. Que se puede pecar porque no se ama. O porque no se ama lo suficiente. O porque se ama mal. Pero no por amor. Porque nunca se ama demasiado. Porque si se pecara por amor, ¿cómo se habrían salvado los santos, que eran unos especialistas en el tema?

Creo que ninguna palabra ha sido tan prostituida como esta de «amor», colocada con tanta frecuencia sobre cosas que nada tenían que ver con él, sobre sucias aventuras de antiamor o, cuando menos, del más triste desamor. Y me pregunto por qué ahora que tanto se habla de educación sexual nadie se atreve a hablar de algo infinitamente más necesario y más difícil: de la educación en el amor. Y conste que me parece bien que la gente conozca el mundo del sexo. Pero creo que para eso bastan unos fascículos y unas gotas de sentido común humano. Amar, en cambio, me parece la más difícil de las asignaturas, que ni se aprende con texto alguno ni puede transmitirse de maestro a alumno, sino que sólo se paga a precio de experiencia y exige, además, un aprendizaje de la vida entera, porque no hay planta con mayor capacidad de reflorecimiento que el egoísmo. Y si el arte de amar es el más grande y más difícil que puede practicar un hombre, ¿cómo es posible que reflexionemos sobre él tan poco y que no juntemos todos lo poco que sobre el tema sabemos, a ver si juntos aprendemos a construir un mundo más caliente y vividero?

Aprender, por ejemplo, a distinguir el amor del afecto sensible hacia otra persona, de la admiración, de los deseos de posesión de otro ser, que pueden ser fenómenos que prolongan o coinciden con el amor, pero que en realidad nada o poco tienen que ver con él.

Con frecuencia converso con amigos que me dicen que «han perdido el amor de determinada persona». Y yo siempre les pregunto si lo que han perdido es el amor o sólo el afecto sensible hacia ella; si lo que han abandonado es la decisión de entregarse a esa persona o sólo un cierto agrado o unos ciertos frutos placenteros que de esa persona obtenían. Y es que nunca he entendido que el amor sea algo que puede perderse como se extravía un llavero. Quienes dicen que se apagó tras los primeros entusiasmos o cuando perdió su novedad, mejor será que se pregunten si alguna vez lo tuvieron. Y quienes me dicen que el hombre va cambiando, que cambia el amado y cambia la amada, que las dos personas que hoy se decepcionan no son las mismas que hace diez años se amaron, yo respondo siempre que un verdadero amor no acepta solamente a la persona querida tal y como ella es, sino también tal y como ella será.

Porque un amor verdadero no puede ser otra cosa que una entrega apasionada a buscar la felicidad de la persona a la que se quiere. El amor tiene que ser don y sólo don, sin que se pida nada a cambio. Es lógico que el amor produzca amor, pero me temo que no ame del todo quien ama «para» ser amado, quien condiciona el camino de ida con el precio de vuelta. En rigor –como dice Michel Quoist–, «el amor es un camino con dirección única: parte siempre de ti para ir a los demás. Cada vez que tomas algo o a alguien para ti, cesas de amar, pues cesas de dar. Caminas contra dirección».

«Contra dirección», de ese tipo de amores truncados dice la moral que son pecaminosos, no del verdadero amor. El Evangelio no se opondrá jamás a un verdadero amor; sí, en cambio, a esa engañifa de quienes dicen que aman cuando en rigor sólo se aman a sí mismos.

Amar es exactamente salirse de sí mismo, «perder pie en sí mismo», «descentrarse» –en el mejor sentido de la palabra–. Tienen razón quienes unen amor y locura, porque, efectivamente, el amor verdadero pone a la gente «fuera de sí» para «recentrarla» en otra persona, en otra tarea o en un más alto ideal.

Y subrayo estas tres variantes porque sería ingenuo creer que el único amor que existe es el que surge de un hombre concreto hacia una mujer concreta, y viceversa. ¡Hay tantas otras formas de amor no menos altas! ¿Por qué, sino por amor, trabaja el investigador que con auténtica vocación hace su trabajo? ¿Qué, sino el amor, lleva a los misioneros hasta lejanas tierras? ¿Quién más que él enciende las cocinas, sostiene las artes y «mueve –como decía Dante– el sol y las estrellas»?

Confieso que siempre me ha dado un poco de miedo esa vieja fórmula que dice que Dios creó al hombre para su gloria. Y no porque la fórmula no sea verdadera, sino porque no siempre se explica que la gloria de Dios es la felicidad del hombre y alguien puede creerse que Dios creó al mundo y la Humanidad en un acceso de egoísmo infinito. Por fortuna, Dios es el antiegoísta. La creación fue su propio desbordamiento. Y nunca ha hecho desde entonces otra cosa. Incluso cuando perdona a cuantos –entre hipócritas y candorosos– camuflan bajo el nombre de «pecados de amor» sus crecidas de egoísmo. Gracias a ello es cierto lo que escribió no sé quién y que aseguraba que «ser creyente es estar seguro de que nos esperan magníficas sorpresas». La de descubrir, por ejemplo, que hemos sido más queridos de lo que nunca nos atrevimos a imaginar.

## 25
## DEL PASOTISMO COMO UNA FORMA DE SUICIDIO

Uno de mis mayores asombros es el de venir descubriendo desde hace algunos meses que son muchos los muchachos y muchachas que siguen apasionadamente este cuadernillo de apuntes y comprobarlo a través de las entusiastas, desmesuradas y gozosísimas cartas que a veces me escriben. Son todos ellos jóvenes ardientes, con estupendas ganas de vivir y sacar jugo a sus vidas: jóvenes que, desde luego, no encajan con las caricaturas que de la juventud circulan hoy. Jóvenes que, por fortuna para ellos y para mí, nada tienen de pasotas.

A veces yo me pregunto si la figura del pasota no será un invento literario fabricado por gentes que se camuflan de jóvenes o una moda lanzada por comerciantes de vestidos o un cliché cómodo para humoristas y comediógrafos. Y me gustaría creérmelo, porque tengo que confesar que un joven pasota me parece algo tan absurdo e inverosímil como un elefante jugando al ajedrez.

Me imagino sin dificultad un joven agresivo, anarco, orgulloso, cruel con los mayores y endiosado. Pero el pasotismo me parece una enfermedad de viejos, de envejecidos, algo que a un joven tendría que repugnarle bastante más que las arrugas y la esclerosis en el alma. Un joven presumiendo de pasota es algo que, simplemente, no me cabe en la cabeza, la más aberrante de las autohumillaciones.

El cinismo y la desesperanza son dos pestes que, por desgracia, todos nos encontramos alguna vez en el camino de la vida y contra las que uno debe luchar para que no se le peguen a la piel. ¿Cómo entender a un joven que se los viste como una cazadora?

Los teóricos del pasotismo le buscan dulces disfraces ideológicos y te explican que el pasota «practica el silencio como crítica», o te dicen que el pasotismo es «el paro laboral sublimado a la categoría de obra de arte», o te cuentan deliciosas historias sobre la «autobanalización» o sobre «la vida como ausencia de proyecto de vida». Era más sencillo reducir todo eso a la palabra «suicidio», que resultaba más breve y transparente.

Porque el pasotismo no es otra cosa que un suicidio sin sangre, la renuncia a la lucha, la amargura de quien se da por vencido antes de comenzar.

Voy a añadir en seguida que los últimos responsables del pasotismo somos los mayores. Que un mundo en el que una mayoría de muchachos no encontraran otra salida que la amargura sería un universo previamente podrido. Que reconozco que el peor de los males de nuestro tiempo es ese horizonte cerrado a cal y canto que hoy mostramos a la casi totalidad de los que empiezan a vivir.

Reconozco también que resistir la avalancha de la amargura es ya, a veces, una muy dura tarea para los adultos y que es monstruoso que esa brega se les ponga como obligatoria a quienes aún no tuvieron tiempo de endurecer sus huesos.

Pero ¿qué será del mundo si los jóvenes ceden al desencanto? ¿Quiénes enarbolarán la bandera de la esperanza si ellos se dan por vencidos antes de tomarla en sus brazos?

Nunca me ha dolido que los jóvenes sean ácidos, porque sé que todos los frutos lo han sido antes de madurar. Puedo entender que sean amargos. Pero no que sean insípidos y menos que elijan como característica de sus vidas la insipidez. Dejemos el pasotismo para los cansados de vivir, para cuantos trabajan con el freno puesto en sus oficinas, para los pseudoadultos que consumen las tardes en dar vueltas a una cucharilla en un café, para quienes esperan a la muerte porque carecen de fuerzas para vivir. ¡Pero no para los jóvenes! ¿Qué dejarán, si no, para cuando envejezcan? ¡Que se revelen! ¡Que quemen el mundo, pero que no bostecen!

Me obstino en creer que la juventud es sagrada y que hay que acercarse a ella como a la zarza incombustible. Mi pequeña experiencia me ha demostrado plenamente que es cierto que todas nuestras obras importantes son, como decía Lamartine, «sueños juveniles realizados en la edad adulta». Yo puedo confesar que casi todos los libros que he escrito en los últimos años son proyectos preparados antes de cumplir los veinte. Aún no los he realizado todos. Entre mis cosas hay algo que amo mucho: un viejo *bloc* que suelo llamar «el libro de los sueños» y en el que hace treinta años tracé los esquemas de una cincuentena de proyectos de novelas, obras de teatro, apuntes de poemas o ensayos. Aún hoy sigo «tirando» de ese tesoro. Puede que la experiencia me vaya enseñando a contar lo que entonces soñé, pero verdaderamente nunca engendraré tal cantidad de ideas como entonces brotaron. Mis amigos se ríen diciendo que mis libros nacen todos «con el servicio militar cumplido», pero yo sé que es verdad que toda mi fecundidad estuvo ya en la adolescencia.

Dios me libre por ello de mirar a los muchachos por encima del hombro. Hay en sus vidas mucho de banal y excesivo, pero benditos excesos los suyos. Somerset Maugham hablaba con un cierto desprecio de los jóvenes «que nos dicen que dos y dos son cuatro como si eso sólo se les hubiera ocurrido a ellos y que se sienten decepcionados al ver que no participamos en su sorpresa cuando acaban de descubrir que las gallinas ponen huevos». Tiene algo de razón. Pero no mucha. Porque es cierto que con frecuencia los jóvenes descubren Mediterráneos que ya se conocían hace cincuenta siglos, pero también lo es que ellos miran ese mar con unos ojos que nada tienen que ver con los enturbiados con los que lo semicontemplamos nosotros. Ellos se creen que lo nuevo es el mar que divisan; pero lo verdaderamente nuevo y maravilloso son los ojos con que lo miran, y las ganas de ver que hay en ellos.

Y precisamente por eso es imprescindible que los jóvenes defiendan lo mejor que ellos tienen: el entusiasmo. La sensatez, la amargura, ya las tenemos, desgraciadamente, nosotros. Es el fuego divino de las ganas de vivir lo que es su gran exclusiva. Que no lo malgasten en una literaturesca «autobanalización», que no se suiciden sin haber nacido.

26

# UN MUNDO DE SORDOS VOLUNTARIOS

Siempre he contemplado con asombro cómo los camareros de los grandes bares tienen la extraordinaria habilidad para oír únicamente lo que quieren escuchar. Te has sentado tú en una terraza y, cuando el mozo pasa con su servicio para atender alguna de las mesas vecinas, ya puedes llamarle, pedirle agua o café, que él seguirá impertérrito, sin oírte, como diciéndote con su gesto altivo: «Pero señor, ¿no ve usted que no puedo atender a todos a la vez?». Y te lo dice sin arrugar un músculo, como si real y verdaderamente no hubiera oído tu llamada. Una especie de sordera selectiva que le permite oír lo que desea, trabajar con orden y no volverse loco al mismo tiempo.

Es una sordera que me parece el símbolo perfecto de la común que dicen que padecemos todos los españoles. En Italia oí contar una vez que en una reunión de alemanes uno habla y los demás escuchan; en una inglesa, todos escuchan y ninguno habla; y en una española, todos hablan y ninguno escucha. ¿Es exacto? El Papa, al menos, cuando estuvo por nuestras tierras nos caló pronto al darse cuenta de que aplaudíamos mucho sus discursos, pero apenas los oíamos. «Los españoles –dijo– están muy prontos para hablar, mas no para escuchar». Y se reía, pero estaba diciendo una verdad como un templo. Y eso que el Papa no llegó a ver nunca en directo ni por televisión una sesión de nuestro Parlamento, ese lugar donde uno habla y los demás bostezan, leen periódicos, charlotean o toman café.

Reconozcámoslo: el español no escucha. O, para ser exactos, no escucha más que a la televisión. Porque ésta sí que es una curiosa paradoja: ese mismo español que apenas deja meter a nadie la cuchara en sus diálogos, se convierte en un puro rumiante, deglutiente, oyente, ante el «cacharro» televisivo, que es lo único que entre nosotros sirve su papilla de palabras sin que nadie le interrumpa.

¿Tal vez porque nadie nos ha enseñado a escuchar? ¿Quizá porque el arte de oír es mucho más difícil que el de hablar? Zenón de Elea decía hace dos milenios que «tenemos dos oídos y una sola boca porque oír es el doble de necesario y dos veces más difícil que hablar». Pero, curiosamente, esa es una ciencia que nadie enseña en los colegios ni en los hogares.

Porque estoy hablando de «escuchar», no de un puro material oír. Para oír basta con no estar sordo. Para escuchar hacen falta muchas otras cosas: tener el alma despierta; abrirla para recibir al que, a través de sus palabras, entre en ti; ponerte en la misma longitud de onda que el que está conversando con nosotros; olvidarnos por un momento de nosotros mismos y de nuestros propios pensamientos para preocuparnos por la persona y los pensamientos del prójimo. ¡Todo un arte! ¡Todo un apasionado ejercicio de la caridad!

Por eso no escuchamos. Si tuviéramos un espejo para vernos por el interior mientras conversamos con alguien percibiríamos que incluso en los momentos en que la otra persona habla y nosotros aparentamos escuchar, en rigor no estamos oyéndole, estamos preparando la frase con la que le responderemos a continuación cuando él termine.

Sí, hace falta tener muy poco egoísmo y mucha caridad para escuchar bien. Es necesario partir del supuesto de que lo que vamos a escuchar es más importante e interesante de lo que nosotros podríamos decir. Reconocer que alguien tiene cosas que enseñarnos. O, cuando menos, asumir por unos momentos la vocación de servidor o, quizá, de papelera y saco de la basura.

Y tal vez la escasez de estos oyentes-papelera y oyentes-basurero sea la causa de que tantos solitarios anden por ahí con el alma llena de recuerdos o basuras que desearían soltar y que no saben dónde. Antaño los confesores servían para eso. Un porcentaje no pequeño de penitentes, más que contar sus pecados necesitaba explicar sus cuitas, se «enrollaba» en la descripción de sus soledades. Hoy temo que muchos curas han olvidado el valor tan profundamente humano y terapéutico de unas confesiones que puede que no fueran muy ortodoxas en lo estrictamente sacramental, pero que daban, junto al perdón de los pecados, el desahogo psicológico de muchas soledades. Ahora ya apenas escuchan bien los psiquiatras. Pero no todos pueden permitirse ese lujo.

Y, sin embargo, habría que añadir ésta —«escuchar a los solitarios, incluidos los pelmas»— a la lista de las obras de caridad y de misericordia, pues es tan importante como vestir al desnudo o dar de comer al hambriento. «Oír con paciencia —decía Amado Nervo— es mayor caridad que dar. Muchos infelices se van más encantados con que escuchemos el relato de sus penas que con nuestro óbolo». Incluso es frecuente comprobar cómo personas que vinieron a pedirte un consejo se van contentas sin siquiera haber oído tu respuesta porque lo que realmente querían no era tu consejo, sino tu silencio y su desahogo.

Por todo ello, la gran paradoja de nuestro tiempo es que, mientras los científicos dicen que vamos hacia «una civilización auricular», son cada vez más los que se quejan de que nadie les escucha. Curiosamente, los jóvenes van hasta por las calles con los auriculares puestos, al mismo tiempo que son absolutamente incapaces de escuchar durante diez minutos a sus abuelos. Y lo primero que todos hacemos al entrar en nuestras casas es enchufar la radio o el televisor, porque no soportamos la soledad acústica en las casas y, a la vez, cada vez es menos frecuente el diálogo hombre-mujer o padre-hijos.

Tal vez porque la radio puede oírse sin necesidad de amar al que por ella canta y, en cambio, no se puede mantener un verdadero diálogo con otra persona sin amarla, saliéndose de uno mismo. Oír es barato, escuchar costoso. Para oír basta el tímpano, para escuchar el corazón. Y no parecemos estar muy dispuestos a emplearlo y repartirlo.

«No hay peor sordo que el que no quiere oír», dice el refrán. Sería más sencillo resumir: «No hay peor sordo que el egoísta». Y añadir que esta gran sordera de quienes sólo oyen lo que les interesa es la gran responsable de tantas soledades, de tantos que sólo piden la limosna de un poco de atención.

## 27
# DAR VUELTAS A LA NORIA

Recuerdo haber visto, en no sé qué revista humorística, una viñeta en la que un gorrión, posado sobre el hombro de un espantapájaros, explicaba a otro compañero que miraba con recelos al monigote de trapo: «No te preocupes: es un señalizador que indica dónde hay comida».

Tenía razón: sólo se ponen espantapájaros donde hay trigo. Y así es como, para un pájaro curado de espantos, lo que se colocó para darle miedo se convertía en guía y atractivo.

La historieta del pájaro me hizo entender por qué ahora parece estar especialmente de moda cuanto está prohibido; por qué dicen los jóvenes que las cosas que no son pecado tienen menos sabor; por qué las palabras reprobatorias son la mejor propaganda para algunas películas. La razón es muy simple: porque hemos presentado la ley como un espantapájaros. Sirvió mientras la gente le guardó respeto. Perdido éste, se convirtió en aliciente en lugar de freno. Pero la culpa no es de la ley en sí, sino de quienes predicamos la ley no como la forma visible de realizar un amor, sino como un puro espantapájaros lleno de amenazas y vetos.

He pensado todas estas cosas comentando con algunos amigos uno de los últimos apuntes de este cuadernillo mío: aquel que hablaba –hace unas semanas– de los pecados de amor. Porque algún amigo encontraba demasiado «permisiva» aquella frase de san Agustín que a mí me gusta citar tanto: «Ama y haz lo que quieras». Decía el crítico que a esa frase debería añadírsele siempre la apostilla de «bien entendido eso de hacer lo que quieras». Yo replicaba que tal añadido me parecía innecesario, porque quien ama de veras querrá forzosamente lo que debe, lo que es coherente con su amor y jamás entenderá que se pueda amar abstractamente por un lado y hacer lo que te viene en gana por el otro.

¿Hay realmente algo más exigente que el amor, algo más radical? Un hombre que ame verdaderamente a Dios o a su prójimo seguro que irá mil kilómetros más allá de lo que estrictamente manda la ley. Le ocurrirá lo que a aquel personaje de Montherland que, en una comedia, decía con desilusión a su jefe: «Yo os ofrecía colaboración y resulta que *sólo* me pedís obediencia». Porque realmente el cumplimiento de una ley «sólo» nos pide el ciento por ciento (y hasta suele hacer alguna rebaja), mientras que el mandamiento del amor no se contenta con el mil por cien y aspira siempre a multiplicar su entrega. Por eso quien ame de veras podrá siempre hacer lo que quiera, porque sólo querrá más amor, más entrega a su vocación.

La ley-espantapájaros, en cambio, termina no siendo una custodia del amor, sino su encadenadora. Hay gente que se pasa la vida atentísima a «cumplir», a no «pasarse» en el mal. Y se olvida de chapuzarse en el bien. Es gente que lucha tercamente por barrer cada día sus defectos, que no descubre que si encendiera dentro el fuego de un gran amor éste carbonizaría todos esos defectos que con tanto trabajo trata de aventar. Son personas que luchan tanto por empequeñecer sus almas para que no entre en ellas el mal que, si un día viniera el bien a visitarles, se pegaría con la cabeza en el techo. Son hombres que, para no engendrar obras bastardas, se autocondenan a la esterilidad y, para que no se insubordine su libertad y tropiecen, han preferido no aprender a andar.

La libertad y el amor son dos riesgos, desde luego. Pero nadie pensará que la mejor manera de no salirse del camino sea imitar a la mula que da vueltas a la noria y, lógicamente, jamás se descarría. Aunque jamás avance tampoco.

Los hombres no somos, gracias a Dios, mulas encadenadas. Ni él ni nuestras conciencias esperan que nos limitemos a cumplir maquinalmente la ley, como si todo fuera hacer girar unos cangilones. Esperan que, por el contrario, asumamos el riesgo de ser libres, que aceptemos la aventura de crecer y, consiguientemente, de ir cambiando de vestidos y estirando las ideas. Y que lo hagamos —como en todo crecimiento— con una ración de dolor y equivocaciones, sabiendo que cada uno debe pagar el precio de su propio amor y que éste, por fortuna, es caro y maravilloso, como todas las cosas importantes.

San Agustín —que sabía decir las cosas muy bien dichas— se inventó un neologismo y llegó una vez a afirmar que el amor era el don «protoprimordial». Imagínense lo que se reiría ahora si oyera a todos esos muchachitos que creen que el amor acaban de inventárselo ellos derribando la moral. A lo mejor le daban ganas de volver al mundo y explicarnos que si las leyes sin amor son una cosa mala, el amor sometido a la única ley de la ventolera es no sólo una profanación, sino un sacrilegio. Y se sentiría aterrado ante la simple posibilidad de que alguien tradujera su «ama y haz lo que quieras» por un «camúflate de amante para justificar tus caprichos».

Porque el amor es recio y fuerte, multiplicador y no divisor, exaltante y no desfalleciente, espoleante y no resbaladizo, sustancialmente irrompible y permanente, vertiginoso hacia arriba, terco como un atleta siempre insatisfecho con su propio récord.

Recuerdo haber leído en Kazantzakis la historia de un anacoreta que le preguntaba a Dios cuál era su verdadero nombre y oía una voz que respondía: «Mi nombre es 'no-es-bastante', porque es lo que yo grito en el silencio a todos los que se atreven a amarme».

«No-es-bastante» es, probablemente, el nombre auténtico de todo amor. Nunca se ama lo suficiente. Nunca se termina de amar. Es un agua que siempre da más sed. Quien ama de veras jamás logrará sentirse satisfecho, creer que ha cumplido su tarea, sentirse realizado con una ley que «sólo» le pide cumplir como el mulo que da vueltas a la noria.

## 28

# LA VICTORIA SILENCIOSA

«Estoy muy solo. En la vida hay personas que son capaces de algo y otras que no sirven para nada, entre las que estoy yo. Me voy a hacer un largo viaje. Confiad en Jesucristo».

Hace quince días un muchacho de catorce años escribía estas líneas y horas después se encaminaba en busca de la muerte bajo las ruedas feroces de un tren. Y yo siento ahora una infinita compasión hacia ese chaval que incurría, en tan breve carta, en dos monumentales errores: olvidar que cuando se confía en Jesucristo hay que confiar también en los hombres y haber llegado a creerse esa disparatada y monstruosa afirmación de que los hombres se dividen en gentes que sirven para algo y gentes que no sirven para nada. Quienes inventaron y hacen circular esa distinción son responsables en definitiva de ese suicidio y quién sabe de cuántas soledades. Pero ¿quién, de dónde, cómo ha podido sacarse esa infinita tontería de que hay en el mundo un solo ser humano que no sirva para nada? Si sirven las piedras, los charcos, las nubes, ¿para cuánto más no servirán los hombres, incluso los más tristes, los más abandonados y desgraciados?

Espero que mis lectores me perdonen si, una vez más, repito en esta página algo que yo tuve la fortuna de descubrir siendo muy niño: que todo hombre es un tesoro único para algo y para alguien; que en cada uno de nosotros hay un don que tal vez sea, incluso, exclusivo; y que toda la felicidad de la vida consiste en entregarse terca, apasionada, corajudamente a desarrollar y profundizar ese don. Déjenme que repita que no creo en los seres inútiles, aunque sí en los que se resignan o se autocondenan a la esterilidad; que estoy seguro de que la voluntad del hombre es más fuerte que las adversidades; que la lucha por la condición humana puede amordazarnos, mutilarnos, condicionarnos, pero nunca anularnos, jamás destruirnos y amargarnos.

He vuelto a pensar todo esto viendo semanas atrás un largo documental americano que lleva el mismo título que este artículo mío. En él se cuenta la historia de Kitty O'Neil, una muchacha americana, hija de una india cherokee, sobre cuya infancia parecieron derrumbarse todas las enfermedades: a los cuatro años el sarampión y la viruela destrozaron sus nervios auditivos y quedó completamente sorda; años más tarde conoció una meningitis y tuvo que sufrir una histerectomía como consecuencia de un cáncer. Nadie daba un duro por la vida de aquella muchachita flacucha y desgarbada cuyo destino parecía languidecer en una silla de ruedas.

Treinta años más tarde, hoy, Kitty O'Neil, aparte de tocar el piano y el cello, de poder danzar y correr, es la más conocida de las «especialistas» del cine norteamericano: pilota coches y motos, salta desde trampolines y realiza todas esas maravillas que nos asombran en el cine. Y todo ello después de haber representado a los Estados Unidos en la Olimpiada de Tokio.

¿La clave del cambio? Una sola palabra: coraje. Una palabra repetida millones de veces y practicada durante millones de horas. Una maravillosa «victoria silenciosa».

La propia Kitty está asustada de haberlo conseguido. Cuando vio por primera vez el documental que han hecho sobre su vida comentó: «Mientras lo veía lloré como hacía mucho tiempo no lloraba. Lloré de vergüenza por haberme permitido, en mi adolescencia, dejar de tener fe y haber pensado en suicidarme… Hasta los dieciséis años estuve peleada con Dios. No concebía que alguien tan misericordioso como decían que él era estuviese tan apartado de mí. Que no escuchara mi llanto. A los trece años, cuando tuve el ataque de meningitis, aunque estaba peleada con él le rezaba para que no me dejara vivir. En el colegio había visto a un chico que sufrió el mismo mal que yo y era un inválido. Yo no quería ser una inválida. Me imaginaba sorda y paralítica y medio idiota en una silla de ruedas y blasfemaba contra el Dios de mis padres. Me recuperé y, a los dieciséis años, me fui de casa con el dolor, pero con la comprensión de mis padres, porque necesitaba comprobar si podía valerme por mí sola en la vida. Sufrí un intento de violación por parte de un drogado y, en la comisaría de policía a la que me llevaron, encontré a una asistenta social católica, de la que me hice amiga y a la que debo mi conversión al catolicismo. Desde entonces he vivido mi fe con tenacidad y alegría y todo lo que he pasado luego, que ha sido mucho, muchísimo, peligros de todo tipo, dolores de todo tipo, físicos, morales y sentimentales, lo he vivido cerca de Dios».

Hoy Kitty, la supuesta inútil, la predestinada a la silla de ruedas, es una mujer admirada por sus «locuras» ante la cámara. Y todo se construyó con esa maravillosa trinidad de esfuerzos: fe, tenacidad y alegría; la única varita mágica que existe en este mundo.

La felicidad raramente la regalan. Lo normal es que se construya con esfuerzos. Muchas veces con dolor. Como dice el viejo refrán castellano: «No se puede hacer una tortilla sin romper los huevos». O aquel otro: «Quien con nueces se quiere regalar, la cáscara ha de quebrar». O un tercero que a mí me gusta más: «Harto le cuesta al almendro el hacer primavera del invierno».

Lo extraño es que haya gente que quisiera dar fruto sin pasar por las heladas; que no haya descubierto aquella terrible y hondísima verdad que resumía José de Maistre asegurando que «no existe nadie más infortunado que un hombre que nunca ha tenido que sufrir». Recuerdo haber leído no sé dónde que el promedio de excavaciones que se hacen hasta encontrar un pozo de petróleo rentable es de 247. ¿Y podía encontrarse la felicidad a la primera y sin esfuerzo?

Nunca he creído mucho en la fortuna. En mis años de estudiante aprendí aquel adagio latino que asegura que «más vale confiar en el coraje que en la fortuna». Y más tarde pude comprobar mil veces que, al menos, es cierto aquello de Metastasio que decía que «la fortuna y el coraje suelen ir juntos».

Por eso no aceptaré jamás esa absurda idea de que hay hombres que sirven y hombres que no sirven. Todos sirven. Y los que tienen que luchar contra corriente, más que ninguno. Toda mi admiración hacia ellos. Porque su «victoria silenciosa» es, como aseguró Séneca, «un espectáculo digno de que Dios se vuelva para mirarlo».

## 29

# EL DESORDEN DE FACTORES

A esta hora en que todos estamos haciendo las maletas para irnos de vacaciones, creo que no sería una tontería sentarnos unos pocos minutos para preguntarnos en qué tareas estamos invirtiendo nuestra vida y en qué vamos a invertir este gozoso mes de libertad que se nos concede. ¿Sólo en mirarnos la tripita y ver cómo la piel se va poniendo morena? Yo supongo que la gente que malgasta sus vacaciones es la misma que malgasta sus vidas, porque quien ama apasionadamente este oficio de existir sabe que para esa gran tarea no hay descansillos vacacionales. En verano hay que vivir de otra manera, pero no vivir menos.

Por ello –aunque alguien me tache de aguafiestas– me gustaría hoy hablar de ese desorden de factores que arruina tantas vidas. ¿A qué llamo desorden de factores? A esa maldita frivolidad que nos conduce a dedicar el máximo de nuestro tiempo a las cosas más banales, dejando sólo rinconcitos de alma a las que reconocemos como más importantes. Un desorden de factores que, aunque el refrán diga otra cosa, sí que altera el producto.

Voy a ver si consigo explicarme. Yo tengo hecha para mi coleto una pequeña letanía que –parodiando otra de Laing– podría formularse más o menos así:

– Nos divertimos mucho menos de lo que nos aburrimos.
– Trabajamos menos de lo que nos divertimos.
– Hablamos mucho menos de lo que trabajamos.

– Leemos mucho menos de lo que hablamos.
– Pensamos mucho menos de lo que leemos.
– Sabemos mucho menos de lo que pensamos.
– Amamos aún menos de lo que sabemos.
– Existimos aún menos de lo que amamos.
– Y así es como somos mucho menos de lo que somos.

La tabla no es un jueguecito. Y viene a decir que si el orden lógico de factores debería ser el de empezar por ser y seguir por amar, saber, pensar, leer, hablar o conversar, trabajar, divertirse y, finalmente, en una colita desgraciada, también aburrirse, resulta que, en la vida, en realidad, nuestro orden-desorden de factores es el inverso: la mayor parte de nuestro tiempo nos aburrimos, otro buen trozo nos divertimos, y después el resto trabajamos, conversamos, leemos, pensamos, amamos, con lo que al final ya no nos queda ni un segundo para ser lo que somos.

Me gustaría que todos mis amigos tomasen un día un bolígrafo y, completamente en serio, intentasen poner en orden todos esos verbos, no en el orden en que teóricamente los valoran, sino en el que, en la práctica, los practican. Si lo hacen sin trampas, verán cuánto desorden de factores hay en sus vidas.

Yo reconozco que en la mía lo hay. Hace algunos meses, por ejemplo, yo hubiera puesto mucho antes el verbo trabajar que el verbo conversar. Tuvo que venirme el latigazo de una enfermedad para que yo descubriera que la amistad es infinitamente más válida que todos los trabajos del mundo y que, aunque el trabajo es una de las partes mejores de nuestro oficio de hombres, aún es más humano sentarse de cuando en cuando a charlar amistosamente con los amigos.

Otro de mis pecados es que también escribo mucho más de lo que leo e incluso más de lo que pienso. ¡Es horrible! Puede incluso escribirse mucho habiendo pensado poco. Uno se va esclavizando a la máquina de escribir, uno cae en la trampa de querer complacer a todos los que te piden artículos y más artículos, y un día te das cuenta de que te limitas a engendrar líneas mecanografiadas, dentro de las cuales hay muy poquitos pensamientos. A lo mejor yo escribiría el doble de bien si dedicara mucho más tiempo a pensar y escribiera la mitad.

Y lo mismo ocurre con lo de leer. Yo fui, por fortuna, un pequeño animal-lector en mis años de adolescencia. Pero ahora escribo tanto que leo la cuarta parte de lo que debería. Y no puedo pasarme la vida sacando ideas del saco de mi adolescencia. Porque los genios no existen. Los más, cuando escribimos, lo único que hacemos es guisar un poco mejor o un poco peor lo que hemos ido acumulando en el saco del alma con nuestras lecturas. ¡Ese sí que es un tesoro inagotable! Yo sé que en mi cabeza hay una centésima parte de ideas de las que tengo en mi biblioteca. Pero ¡ay de mí, si la tengo de adorno!

Y en cuanto a lo de amar y lo de ser, ésas si que son dos tareas magníficas que, además, tienen el premio gordo de que no ocupan tiempo. Si yo dedico mi tiempo a escribir no me queda para leer. En cambio, puedo amar y ser al mismo tiempo que leo y escribo, porque sólo necesito para ello tener estirado el corazón y despierta el alma.

Vamos, pues, a ver si nos sale un verano fecundo. A ver si conseguimos regresar más ricos. Para esto no hace falta que nos toque la lotería. Basta que acertemos en la lotería de tener el alma enarbolada. Y mira por dónde, en este sorteo, nuestro coraje y nuestra voluntad tienen todos los boletos.

# 30
# LA GENERACIÓN DEL BOSTEZO

Dicen que la enfermedad del verano es el aburrimiento. Yo me temo que sea hoy más bien la enfermedad del verano, del invierno, del otoño y de la primavera, porque quizá nunca en la historia del mundo tantas personas se aburrieron tanto. Acaba de decirlo el arzobispo de Valladolid, para quien «parece que jamás hubo tantas diversiones y posibilidades de alcanzarlas y probablemente, por contraste, jamás hubo tanta gente aburrida, incluso entre la misma juventud». A este paso nos definirá la historia como «la generación del bostezo», verán ustedes.

Y, naturalmente, no estoy hablando de esos aburrimientos transitorios que todos padecemos. ¿Quién no tiene, de cuando en cuando, una «tarde boba» en la que nada le apetece, o uno de esos días en los que, por cansancio acumulado, lo único que uno desea es no desear nada y aburrirse a fondo? Lo grave es hoy el «aburrimiento como forma de vida», el carecer de horizontes como horizonte único. Lo preocupante es ese alto porcentaje de coetáneos nuestros que —como describe monseñor Delicado— puede definir su vida sobre estas coordenadas: «No quiero a nadie verdaderamente, y nadie me quiere. Nada me importa seriamente y a nadie le importo nada. No sé vivir o no me dejan vivir. Las cosas que deseo no las puedo alcanzar o lo que alcanzo está vacío por dentro. No me siento llamado a nada importante que me pueda llenar». ¿Vale la pena vivir desde estos planteamientos? ¿O esa vida es una forma de muerte cloroformizada?

Lo asombroso es que esto pueda ocurrir en un siglo en el que parecemos tenerlo todo: en cosas poseídas, en diversiones. Porque uno entendería el aburrimiento del campesino del siglo XVIII perdido en una aldea sin nada que llene sus horas, sus ojos y su alma. Pero resulta inverosímil que eso pueda ocurrir en una ciudad del siglo XX, asediados como estamos por todo tipo de propuestas incesantes desde los anuncios por las calles hasta las pantallas de televisión.

Y, sin embargo, es cierto que jamás se vieron tantas caras aburridas y desilusionadas. Y que parecen abundar entre los jóvenes más que entre los adultos. ¿Qué es la droga sino un último afán de escapar de la realidad, como quien, hastiado de los sabores cotidianos, sólo tiene paladar para los estridentes? «Tengo un aburrimiento mortal», nos dicen a veces. Y es cierto: viven en un aburrimiento asesino, que lentamente va asfixiando sus almas.

Y quizá el gran error está en que hemos pensado que el aburrimiento se mata con diversiones. Y la experiencia nos demuestra a diario que éstas son, cuando más, un paliativo, una aspirina que calma el dolor, pero no cura la enfermedad. Quien, porque se aburre, no encuentra otra salida que irse a un cine o a una discoteca, tiene –a no ser que se trate de uno de estos aburrimientos transitorios de que antes hablé– una gran probabilidad de seguir aburriéndose de otra manera en el cine o en el baile. Contra el vacío, la solución no está en cambiar de sitio, sino en llenarse.

Porque lo más gracioso del asunto es que, bien pensadas las cosas, resulta incomprensible que un ser humano se aburra: ¡con la de cosas apasionantes que pueblan nuestra existencia! Esto es lo tremendo: los hombres estamos convencidos de que, por mucho que corramos en vivir, nunca agotaremos ni el diez por ciento de los milagros que la vida nos ofrece. No leeremos ni un uno por ciento de los libros interesantes. No veremos ni un uno por ciento de los paisajes que merecen ser visitados. No podremos gozar más que las experiencias de una entre los millones de vocaciones que existen. No entraremos en contacto ni con una diezmillonésima parte de los seres humanos que valdría la pena conocer. Ni siquiera paladearemos una pequeña parte de los sabores que merecen ser gustados. ¿Y aun así tenemos tiempo para aburrirnos?

Yo he pensado muchas veces que Cristo participó de todas las cosas de los hombres menos de dos: del pecado y del aburrimiento. ¿O son, tal vez, una sola cosa? No logro imaginarme a Cristo aburrido, desilusionado, sin nada que hacer o que amar. Menos aún logro imaginarle esperando, entre bostezos, la muerte.

«En el largo camino, la paja pesa», dice uno de nuestros viejos refranes. Y quienes vivieron almacenando paja en sus vidas se cansarán llevándola a hombros durante la noche y no podrán hacerse, a la mañana, el pan fresco que su hambre necesita.

Cuando, en cambio, uno vive amándolo todo, decidido a vivir a tope (no a gamberrear a tope), ¡qué incomprensible se vuelve el aburrimiento! Lo dijo el clásico castellano: «No hay quien mal su tiempo emplee / que el tiempo no le castigue». Es cierto: quien vive bostezando, morirá de un bostezo. Y sin haber llegado a vivir.

*31*

# UNA FÁBRICA
# DE MONSTRUOS EDUCADÍSIMOS

«Estoy —me escribe un muchacho— hasta las narices de la educación del palo y del miedo. Para mí, la educación que carece de lo esencial no es educación, sino un sistema de esclavos. Si la educación no sirve para ayudarnos a ser libres y personas felices, que se vaya a hacer puñetas».

Con su aire de pataleta infantil, este muchacho tiene muchísima razón. Y es evidente que algo no funciona en la educación que suele darse cuando tanta gente abomina de ella.

Hay en mi vida algo que difícilmente olvidaré. En 1948, siendo yo casi un chiquillo, tuve la fortuna-desgracia de visitar el campo de concentración de Dachau. Entonces apenas se hablaba de estos campos, que acababan de «descubrirse», recién finalizada la guerra mundial. Ahora todos los hemos visto en mil películas de cine y televisión. Pero en aquellos tiempos un descubrimiento de aquella categoría podía destrozar los nervios de un muchacho. Estuve, efectivamente, varios días sin poder dormir. Pero más que todos aquellos horrores me impresionó algo que por aquellos días leí, escrito por una antigua residente del campo, maestra de escuela. Comentaba que aquellas cámaras de gas habían sido construidas por ingenieros especialistas. Que las inyecciones letales las ponían médicos o enfermeros titulados. Que niños recién nacidos eran asfixiados por asistentas sanitarias competentísimas. Que mujeres y niños habían sido fusilados por gentes con estudios, por doctores y licenciados. Y concluía: «Desde que me di cuenta de esto, sospecho de la educación que estamos impartiendo».

Efectivamente: hechos como los campos de concentración y otros muchos hechos que siguen produciéndose obligan a pensar que la educación no hace descender los grados de barbarie de la Humanidad. Que pueden existir monstruos educadísimos. Que un título ni garantiza la felicidad del que lo posee ni la piedad de sus actos. Que no es absolutamente cierto que el aumento de nivel cultural garantice un mayor equilibrio social o un clima más pacífico en las comunidades. Que no es verdad que la barbarie sea hermana gemela de la incultura. Que la cultura sin bondad puede engendrar otro tipo de monstruosidad más refinada, pero no por ello menos monstruosa. Y tal vez más.

¿Estoy, con ello, defendiendo la incultura, incitando a los muchachos a dejar sus estudios, diciéndoles que no pierdan tiempo en una carrera? ¡Dios me libre! Pero sí estoy diciéndoles que me sigue asombrando que en los años escolares se enseñe a los niños y a los jóvenes todo menos lo esencial: el arte de ser felices, la asignatura de amarse y respetarse los unos a los otros, la carrera de asumir el dolor y no tenerle miedo a la muerte, la milagrosa ciencia de conseguir una vida llena de vida.

No tengo nada contra las matemáticas ni contra el griego. Pero ¡qué maravilla si los profesores que trataron de metérmelos en la mollera, para que a estas alturas se me haya olvidado el noventa y nueve por ciento de lo que aprendí, me hubieran también hablado de sus vidas, de sus esperanzas, de lo que a ellos les había ido enseñando el tiempo y el dolor! ¡Qué milagro si mis maestros hubieran abierto ante el niño que yo era sus almas y no sólo sus libros!

Me asombro hoy pensando que, salvo rarísimas excepciones, nunca supe nada de mis profesores. ¿Quiénes eran? ¿Cómo eran? ¿Cuáles eran sus ilusiones, sus fracasos, sus esperanzas? Jamás me abrieron sus almas. Aquello «hubiera sido pérdida de tiempo». ¡Ellos tenían que explicarme los quebrados, que seguramente les parecían infinitamente más importantes!

Y así es como resulta que las cosas verdaderamente esenciales uno tiene que irlas aprendiendo de extranjis, como robadas.

Y yo ya sé que, al final, «cada uno tiene que pagar el precio de su propio amor» –como decía un personaje de Diego Fabri– y que las cosas esenciales son imposibles de enseñar, porque han de aprenderse con las propias uñas, pero no hubiera sido malo que, al menos, no nos hubieran querido meter en la cabeza que lo esencial era lo que nos enseñaban. De nada sirve tener un título de médico, de abogado, de cura o de ingeniero si uno sigue siendo egoísta, si luego te quiebras ante el primer dolor, si eres esclavo del qué dirán o de la obsesión por el prestigio, si crees que se puede caminar sobre el mundo pisando a los demás.

Al final siempre es lo mismo: al mundo le ha crecido, como un flemón, el carrillo del progreso y de la ciencia intelectual, y sigue subdesarrollado en su rostro moral y ético. Y la clave puede estar en esa educación que olvida lo esencial y que luego se maravilla cuando los muchachos la mandan a hacer puñetas.

32

# CONSTRUCTORES DE PUENTES

De todos los títulos que en el mundo se conceden, el que más me gusta es el de Pontífice, que quiere decir literalmente constructor de puentes. Un título que, no sé por qué, han acaparado los obispos y el papa, pero que en la antigüedad cristiana se refería a todos los sacerdotes y que, en buena lógica, iría muy bien a todas las personas que viven con el corazón abierto.

Es un título que me entusiasma porque no hay tarea más hermosa que dedicarse a tender puentes hacia los hombres y hacia las cosas. Sobre todo en un tiempo en el que tanto abundan los constructores de barreras. En un mundo de zanjas, ¿qué mejor que entregarse a la tarea de superarlas?

Pero hacer puentes —y, sobre todo, hacer de puente— es tarea muy dura. Y que no se hace sin mucho sacrificio. Un puente, por de pronto, es alguien que es fiel a dos orillas, pero que no pertenece a ninguna de ellas. Así, cuando a un cura se le pide que sea puente entre Dios y los hombres se le está casi obligando a ser un poco menos hombre, a renunciar provisionalmente a su condición humana para intentar ese duro oficio del mediador y del transportador de orilla a orilla.

Mas si el puente no pertenece por entero a ninguna de las dos orillas, sí tiene que estar firmemente asentado en las dos. No «es» orilla, pero sí se apoya en ella, es súbdito de ambas, de ambas depende. Ser puente es renunciar a toda libertad personal. Sólo se sirve cuando se ha renunciado.

Y, lógicamente, sale caro ser puente. Este es un oficio por el que se paga mucho más que lo que se cobra. Un puente es fundamentalmente alguien que soporta el peso de todos los que pasan por él. La resistencia, el aguante, la solidez son sus virtudes. En un puente cuenta menos la belleza y la simpatía –aunque es muy bello un puente hermoso–; cuenta, sobre todo, la capacidad de servicio, su utilidad.

Y un puente vive en el desagradecimiento: nadie se queda a vivir encima de los puentes. Los usa para cruzar y se asienta en la otra orilla. Quien espere cariños, ya puede buscar otra profesión. El mediador termina su tarea cuando ha mediado. Su tarea posterior es el olvido.

Incluso un puente es lo primero que se bombardea en las guerras cuando riñen las dos orillas. De ahí que el mundo esté lleno de puentes destruidos.

A pesar de ello, amigos míos, qué gran oficio el de ser puentes entre las gentes, entre las cosas, entre las ideas, entre las generaciones. El mundo dejaría de ser habitable el día en que hubiera en él más constructores de zanjas que de puentes.

Hay que tender puentes, en primer lugar, hacia nosotros mismos, hacia nuestra propia alma, que está la pobre, tantas veces, incomunicada en nuestro interior. Un puente de respeto y de aceptación de nosotros mismos, un puente que impida ese estar internamente divididos que nos convierte en neuróticos.

Un puente hacia los demás. Yo no olvidaré nunca la mejor lección de oratoria que me dieron siendo yo estudiante. Me la dio un profesor que me dijo: «No hables nunca 'a' la gente; habla 'con' la gente». Entonces me di cuenta que todo orador que no tiende puentes «de ida y vuelta» hacia su público nunca conseguirá ser oído con atención. Si, en cambio, entabla un diálogo entre su voz y ese fluido eléctrico que sale de los oyentes y se transmite por sus ojos hacia el orador, entonces conseguirá ese milagro de la comunicación que tan pocas veces se alcanza.

Entonces entendí también que no se puede amar sin convertirse en puente; es decir, sin salir un poco de uno mismo. Me gusta la definición que da Leo Buscaglia del amor: «Los que aman son los que olvidan sus propias necesidades». Es cierto: no se ama sin «poner pie» en la otra persona, sin «perder un poco pie» en la propia ribera.

Y el bendito oficio de ser puente entre personas de diversas ideas, de diversos criterios, de distintas edades y creencias. ¡Feliz la casa que consigue tener uno de sus miembros con esa vocación pontifical!

Y el gran puente entre la vida y la muerte. Thornton Wilder dice, en una de sus comedias, que en este mundo hay dos grandes ciudades, la de la vida, la de la muerte, y que ambas están unidas –y separadas– por el puente del amor. La mayoría de las personas, aunque se crean vivas, viven en la ciudad de la muerte; tienen a muy pocos metros la ciudad de la vida, pero no se deciden a cruzar el puente que las separa. Cuando se ama se empieza a vivir, sin más, en la ciudad de la vida.

Lo malo es que a la mayoría los únicos puentes que les gustan son los laborales.

## 33

# CONDENADOS A LA SOLEDAD

Me he preguntado más de una vez cuántos leerán este cuadernillo de apuntes. No lo sé. No lo sabré nunca. Pero sí sé que todos y cada uno de los que lo lean habrán conocido alguna vez la soledad, esa parte, a la vez tan dolorosa y luminosa, de la condición humana.

Habrán conocido, unos, esa desoladora soledad de la adolescencia, esos años en los que estamos convencidos de que nadie es capaz de comprendernos, tal vez simplemente porque tampoco nosotros nos entendemos. Para otros, la soledad habrá llegado en la juventud, sobre todo si han conocido ese agudo dolor de amar a alguien que no nos ama y de comprobar que aunque el mundo entero nos acompañase seguiríamos estando solos sin aquella única persona en que parece haberse concentrado toda la compañía verdadera del mundo. Otros habrán gustado la soledad de los años adultos, sobre todo en esos tiempos en que la vida parece perder su sentido y en los que nos repetimos, estérilmente, la pregunta «¿para qué?». O tal vez llegó, para otros, la última soledad de la vejez, cuando todos los que eran nuestros amigos han muerto ya y percibimos una infinita distancia entre los más jóvenes y nosotros.

Y es que la soledad está ahí. Es parte de la vida. En el principio de la Historia Dios vio que no era bueno que el hombre estuviera solo. Pero no pudo ignorar que, con frecuencia, lo estaría aunque colocase a su lado toda la compañía imaginable. Porque no pocos acompañamientos no hacen otra cosa que ahondar la soledad. Y así es como la comunidad –e incluso, a veces, hasta la familia– no es otra cosa que una acumulación de solitarios.

Pero me parece que habrá que empezar en seguida a distinguir muy diversos tipos de soledad: la de los incomprendidos y abandonados, la de los orgullosos, la fecundadora de los verdaderos solitarios por elección.

La primera es la más grave y me temo que hoy la más corriente. ¿Es posible que en el mundo abunden tanto los que no son amados por nadie? Es posible y horrible. En esta gran familia que formamos hay un alto porcentaje de seres que se pasan la vida mendigando una persona que quiera oírles, alguien con quien hablar sin que les diga que tiene prisa, un amigo que se interese –o, al menos, parezca interesarse– por sus problemas.

¿Qué hacer ante esta soledad? Por parte de quien la padece, me parece que, en primer lugar, preguntarse a sí mismo hasta qué punto son ellos responsables de ese abandono. Con frecuencia se quejan de soledad personas que empezaron por rodear su alma de alambre espinado. Primero se cierran, luego lamentan no tener compañía. «Quien marcha por la vida sin apearse del caballo, va quedándose solo», ha dicho Luis Rosales. Y es ciertísimo: sólo bajándose del propio egoísmo se puede esperar estar entre los demás.

Hay incluso quienes se vanaglorian de ir solos. Son los que dicen que «el águila vuela sola, mientras que los cuervos, las chovas y los estorninos son los que van en grupos». Éstos no buscan la soledad porque la amen, sino porque no aman la compañía. Piensan, como decía Schopenhauer, que «la soledad ofrece al hombre inteligente una doble ventaja: la de estar consigo mismo y la de no estar con los demás».

Esta soledad del orgullo es una maldita soledad. Puede incluso servir para ciertas creaciones estéticas o científicas, pero al final deshumaniza siempre a quien la practica, con lo que, a la larga, se daña también a los productos estéticos o intelectuales. Porque, como dice Antonio Machado, con frecuencia «en la soledad / he visto cosas muy claras / que no eran verdad».

Pero ¿y si la soledad ha venido a nosotros sin que nosotros la hayamos prefabricado? Entonces sólo quedan dos caminos: empezar por reconocer que la soledad puede ser un multiplicador del alma (y que en realidad un hombre se mide por la cantidad de soledad que es capaz de soportar) y luego convertirla en soledad fecunda, o romperla abriéndose hacia los demás.

De esto quiero hablar en un próximo artículo. Quede hoy este comentario en la profunda frase de Aristóteles: «Quien halla placer en la soledad, o es una bestia salvaje o es un dios». Porque hay, efectivamente, soledades creadoras como la del mismo Dios y soledades estériles y agresivas como la del leopardo. ¿Y por qué ser leopardos cuando podemos parecernos a Dios?

## 34

# LA SOLEDAD SONORA

*Silencio elegido* se llama uno de los más bellos libros del trapense Thomas Merton. En él habla del silencio como fecundidad, como lugar de reencuentro con la verdadera humanidad. Porque, efectivamente, si hay una soledad deshumanizadora, hay otra multiplicadora, intensificadora. Y si a muchos la soledad les volvió desgraciados, no hay un solo genio en la humanidad que no haya plantado las raíces de su grandeza en largos períodos de intensa soledad.

Tiene razón Sterne al asegurar que «la mejor nodriza de la sabiduría está en la soledad». Y Beethoven sabía bien lo que decía cuando afirmó que «el hombre aislado puede a menudo más que en la sociedad mil».

Sólo en la soledad se acrecienta el alma y es en ella donde con más fuerza se puede oír la voz de Dios. Y pobre del hombre que necesite llenar su vida de ruidos y palabras. ¿No tendrá razón Luis Rosales cuando señala que en el mundo moderno los hombres «amontonan las palabras para llenar el hueco, el gran silencio universal, el miedo»? El hombre moderno tiene, efectivamente, pánico al silencio: al entrar en casa lo primero que hace es girar el botón de la radio o encender el televisor, porque necesita, al menos, esa presencia de las ondas o las imágenes para no sentirse asfixiado de silencio. Y con frecuencia llenamos nuestras casas de perros o de gatos porque no sabemos vivir y dialogar con los hombres. ¿O es que nos odiamos tanto a nosotros mismos que no soportamos vivir en nuestra propia y sola compañía?

Y, sin embargo, hay una «soledad sonora» en la que todo habla al alma, que sabe descender a ella para encontrarse con la propia verdad o con esos amigos silenciosos y fecundos que son los libros. Es cierto que también es enriquecedor hablar con nuestro portero o con el conductor de nuestro autobús, pero ¿quién duda que lo es más encerrarse en casa para conversar con Mozart, con Dostoievski o con Pedro Salinas? Éste sí que es un tesoro de amistad. Y de amistad complaciente que se calla y nos deja con nuestros pensamientos en cuanto los cerramos.

Pero, digámoslo en seguida: esta soledad elegida es un arte muy difícil, con frecuencia su aprendizaje exige una vida entera.

Por de pronto es ésta una soledad que no sirve para el olvido, ni puede surgir de un simple desengaño. Huir a la soledad es profanar la soledad y engañarse tontamente. Porque «el que en ella busca olvido sólo acrecienta el recuerdo», como escribe Fuller. ¡Tanta gente que «se refugia» en la soledad encuentra únicamente en ella sus vagabundeos mentales! Ir al silencio para remasticar nuestros fracasos o lamer nuestras heridas no es una solución.

En realidad, «en la soledad se encuentra lo que a la soledad se lleva», que decía Juan Ramón Jiménez. Un alma pobre en el ruido se encontrará con su pobreza en el silencio. Hay demasiadas personas que creen que resolverán sus problemas cambiando de lugar de residencia, o de trabajo, o de compañías. Como los enfermos que creen que mejoran cambiando la postura. Pero la soledad no es la purga de Benito. Multiplica las riquezas interiores. Pero ¿de qué sirve multiplicar cualquier cifra por cero?

Por otro lado, no se va a la soledad para quedarse en ella: se va para regresar de ella más abierto y abundante en cosas que dar y que ofrecer. ¡Qué pobres los que cuando están en la soledad están solos! El más solitario de los cartujos, o está «sirviendo» a alguien (a Alguien, con mayúscula, o a sus hermanos, con minúscula) o es una vida perdida. Maupassant decía que «cuando estamos demasiado tiempo solos con nuestros propios problemas, nuestro espíritu se llena de fantasmas». Sólo se puede estar solo cuando se está, en la soledad, con los demás en el corazón. La soledad no es un bien en sí. Es un bien «para algo» y «para alguien», es un solar sobre el que construir mejor la propia alma o una huerta para producir frutos que otros puedan comer.

En realidad –y volvemos a lo de siempre– sólo se está solo de veras cuando se ama. Esa es la soledad sonora, la que nos empuja mejor hacia los demás. La soledad del egoísmo es una laguna seca. ¿Y el signo visible que distingue a una de la otra? Es la alegría. La soledad fecunda no es triste. La tristeza es siempre soledad amarga. Dios está alegre –o, mejor: «es» alegre– porque vive en soledad creando y fecundando. Quien en la soledad mira su propio ombligo no imita a Dios, sino al demonio, que vive la más infecunda de las soledades.

## 35

# LA ALTERNATIVA

«Ahora los cohetes de la humanidad llegan muy alto, pero el corazón de las personas creo que está a la altura de los pies de los escarabajos».

Acabo de leer esta frase en el ejercicio de redacción de una niña de doce años a quien su profesor pidió que describiera cómo veía ella este mundo al que los adultos la estamos empujando. Y la frase me ha dejado literalmente sin respiración. ¿Es cierto que el corazón de la humanidad está por los suelos y que hemos entrado ya de pleno en «la civilización del desamor» que Pablo VI veía en el horizonte? La idea me asalta en esta víspera del Corpus, que los cristianos llamamos ahora «Día de la caridad», y me pregunto a mí mismo si no hay en esta celebración algo de la desesperación del náufrago que agita su pañuelo para ser visto por el lejanísimo barco que no le verá nunca. ¿Estaremos ya, para el amor, en la hora veinticinco, definitivamente enrolados en una humanidad de congeladores?

Recientemente tuve que preparar un trabajo sobre el tema del amor en la literatura contemporánea y experimenté una muy parecida sensación de vértigo. Kafka me explicaba que «los hombres somos extranjeros sin pasaporte en un mundo glacial». Malraux aseguraba que «en los rincones más profundos del corazón están agazapadas la tortura y la muerte». Lawrence, el gran cantor del erotismo, aseguraba que el amor deja siempre «un amargo sabor de ceniza en los labios». Para Sartre no podía existir la verdadera fraternidad porque «el infierno son los otros». La Sagan aseguraba que «el amor es una carrera en medio de la niebla. Los que aman no son amados. Los que son amados, aman a su vez, pero a otros. Y tampoco son correspondidos». El mismo Brecht, tan entusiasta buscador de la justicia, decía que el hombre no la encontraría jamás: «Un día el hijo de la pobre subirá a un trono de oro. Y ese día es el día que nunca llegará». Kazantzakis se atrevía a creer que el hombre posee el amor y que lo lleva «como una gran fuerza explosiva, envuelta en nuestras carnes, en nuestras grasas, sin saberlo. Pero el hombre no se atreve a utilizarlo porque teme que le abrase. Y así lo deja perder poco a poco, lo deja a su vez convertirse en carne y grasa». Y, para colmo, llegaba Ugo Betti y resumía todo esto en un feroz epitafio: «No es verdad que los hombres nos amemos. Tampoco es verdad que nos odiemos. Nos desimportamos aterradoramente».

¿Era todo esto verdad? Si la novela es un espejo que va por un camino, ¿era nuestro camino ese «desierto del amor» que la novela moderna reflejaba? ¿No quedaba, entonces, más salida que aceptar el cínico consejo de Françoise Sagan: embarcarse «en la misericordiosa vía de la mentira»?

Ciertamente, si uno levanta los ojos sobre el mundo siente pronto la amarga quemadura: los pueblos ricos son cada vez más ricos a costa de que los pobres sean cada vez más pobres; los países occidentales gastan cada día en armamento más de lo que África consume cada año en comida; la violencia crece y los asesinos «reivindican» sus muertos como si se tratase de un récord o una condecoración; ya tres quintas partes del mundo ponen ojos complacientes ante el aborto y se disponen a encontrar las razones suavizantes para legalizar la eutanasia.

Estamos en plena estampida del egoísmo. Y los países que van en cabeza son los que presumen de más cultos y civilizados. A mayor nivel de renta existe menos acogida del forastero y del extraño. A mayor cultura se hace más densa la soledad. A la Europa alegre y confiada de los años sesenta le ha bastado el latigazo del petróleo para que, de pronto, los negocios de seguridad se convirtieran en los más rentables. Abres el periódico y lo encuentras lleno de anuncios de cerrojos, puertas abarrotadas de «puntos fuertes», candados, alarmas, *sprays* defensivos. Hay que rellenar docenas de papeles a la puerta de los ministerios porque cualquier visitante puede ser un terrorista. Todos hemos levantado el puente levadizo de nuestro corazón y exigimos pasaporte a cualquiera que intente penetrar en la tierra de nuestra amistad. Hace ahora treinta años Bernanos se marchó a vivir a Brasil porque le habían explicado que en una región de este país las casas no tenían cerraduras: ¡Aquello –pensó el escritor– debía de ser el paraíso! Hoy ¿encontraría un rincón del planeta donde la confianza fuese la primera ley?

Y a todo esto, ¿qué hacemos los cristianos? Porque es a los cristianos a quienes hoy –día del Corpus– yo quiero hablar. Los obispos españoles –¿ingenuos?, ¿optimistas?– han publicado para esta fecha un documento del que he tomado el título de este artículo. «Una comunidad que practica el amor –dicen– es la alternativa de una sociedad que se organiza en estructuras injustas». Porque no sólo en lo político hay alternativas. Las hay en lo social. Las hay en lo ético. Y es ahí donde los obispos –¿ingenuos?, ¿optimistas?– esperan que los cristianos seamos la alternativa de los egoístas.

Pero uno tiene que confesar que hace falta coraje para mantener esa esperanza después de dos mil años de historia cristiana. Cuando uno termina de leer el Evangelio ha de concluir que, lógicamente, la historia de la Iglesia, que trata de realizarlo, no podrá ser otra cosa que una historia de amor. Pero cuando uno termina de leer la historia de la Iglesia sabe que no ha sido así.

Uno querría pensar que pueblos como el nuestro, que tanto ha presumido de estar empapado de la savia cristiana, tendrían que ser un ejemplo vivo de convivencia, fraternidad y antiegoísmo. Uno querría esperar que, al menos, habríamos desterrado de nuestro país la soledad y el hambre, aunque sólo fuera por aquello que dice Don Quijote de que «el mayor contrario que el amor tiene,

tiene que ser el hambre». Cierto: donde hay amor, no hay hambre; donde hay hambre, no hay amor.

Pero uno sabe que el español es duro y arisco, que el Evangelio ha pasado sobre nuestra piel como pasa el agua del río sobre los guijarros: sin empapar su interior. Uno sabe que no hay desgracia mayor que ser pobre en Granada, parado en Orense, minusválido en Madrid, emigrante en Bilbao o alcohólico en Barcelona. Uno sabe que, desgraciadamente, no hay una relación directa entre el número de personas que van a misa en una ciudad y el nivel de felicidad que se disfruta en sus suburbios.

Uno piensa, incluso, que pocos pueblos tendrán en su refranero –que dicen que es un resumen de la sabiduría popular– tal medida de anticaridad: «De fuera vendrá quien de casa te echará», «Parientes y trastos viejos, pocos y lejos», «Por la caridad entra la peste», «Quien da pan a perro ajeno, pierde pan y pierde perro», «Piensa mal y acertarás», «Cría cuervos y te sacarán los ojos», «La caridad bien entendida empieza (¿y termina?) por uno mismo», «El que roba a un ladrón tiene cien años de perdón». Y hasta –¡qué generosidad!– «cada uno para sí y Dios para todos».

Pero difícilmente será Dios para aquellos que vivan para sí. Dios no está en el infierno. Y el infierno es el egoísmo, aquel lugar en el que ya nadie ama a nadie. ¿Será, entonces, el infierno simplemente la perfección total y definitiva de la civilización que estamos construyendo?

Whitman lo dijo hermosamente:

> *Todo el que anda cien metros sin amor*
> *se dirige a sus propios funerales*
> *con el sudario puesto.*

Así camina nuestra civilización de cadáveres. Cadáveres obsesionados en poner cerrojos a sus tumbas para que nadie les robe los trozos de muerte que tan avaramente han atesorado. Cadáveres que hoy, tal vez, recibirán el cuerpo de Cristo y serán capaces de congelar tanto fuego.

## 36

# LA CRUZ Y EL BOSTEZO

El novelista Shusaku Endo –creo que el primer japonés que haya escrito una vida de Cristo– ha subrayado que las páginas evangélicas que narran la muerte de Jesús «superan en calidad a las muchas obras maestras trágicas de la historia literaria». Y yo quisiera añadir aquí otro elogio a éste: el de que los escritores evangélicos no hayan caído en la trampa de la grandilocuencia; el de que, aun narrando una gran tragedia, no hayan dejado ni por un momento de pisar tierra, ciñéndose al más cotidiano realismo.

La tentación no era pequeña y en ella tropezaron con frecuencia incluso los más grandes trágicos de la Antigüedad: su afán de retratar las grandes pasiones humanas les hacía olvidarse muchas veces de que éstas sólo afloran en el mundo muy ocasionalmente; y que casi siempre, junto a la gran pasión, existe toda una corte de pequeñas tonterías.

Para el narrador evangélico, en torno a Jesús, la gran víctima, giraba toda una corte de personajes que parecían los arquetipos de toda gran tragedia humana: Judas, la traición; Pilato, la cobardía; Herodes, la lujuria; Caifás, la hipocresía; María, el amor sin mancha; Magdalena, el amor arrepentido… Todas las grandes pasiones estaban allí representadas. ¿Y dónde quedaba sitio para la estupidez, para la vulgaridad, para el bostezo? Los psicólogos –y los dramaturgos modernos lo han aprendido bien– saben que en la raza humana nunca existe mucha alta tensión acumulada y que junto a cada drama hay siempre un mar de mediocridad y de aburrimiento. ¿Es que no los hubo en el drama del Calvario?

Una lectura atenta de los Evangelios permite descubrir mil pequeños detalles de esta zona gris y miserable de la condición humana. Pero yo quisiera en estas líneas subrayar uno solo que hace muchos años sacudió mi conciencia: me refiero al largo aburrimiento de los soldados que crucificaron a Jesús y que se prolongó las tres largas horas de su agonía.

Recuerdo que hace años, leyendo aquella frase en que se dice que los soldados «se sortearon» la túnica de Jesús, la cabeza se me pobló de preguntas: ¿con qué la sortearon? ¿Y de dónde salieron los eventuales dados o tabas que seguramente se usaron en el sorteo y que luego la tradición popular ha inmortalizado? Porque la gente no suele llevar habitualmente –salvo si se trata de jugadores empedernidos– dados o tabas en los bolsillos. Sólo cuando hemos de ir a un sitio en que calculamos que vamos a tener muchas horas muertas nos proveemos de juegos con que acortar ese tiempo en blanco.

Así les ocurrió, sin duda, a estos soldados. Ellos sabían ya, por experiencia, que las crucifixiones eran largas, que los reos no terminaban nunca de morir, que la curiosidad de la gente se apagaba pronto y que luego les tocaba a ellos bostezar tres, cuatro horas al pie de las cruces. ¡Se defenderían jugando!

Porque sería ingenuo pensar que aquellos matarifes vieron la muerte de Jesús como distinta de las muchas otras en las que les había tocado colaborar. Era, sí, un reo especial; no gritaba, no insultaba... Pero ellos habían conocido sin duda ya a muchos otros locos místicos ajusticiados que ofrecían su dolor por quién sabe qué sueños. Y conocían a muchos otros que llegaban a la cruz tan desguazados que ni fuerza para gritar tenían.

Jesús era, para ellos, uno más. Incluso les extrañaba que se diera a su muerte tantísima importancia. ¿Por qué habían venido tantos sacerdotes? ¿A qué tantas precauciones si a la hora de la verdad este galileo no parecía tener un solo partidario? En el fondo a ellos les habría gustado tener un poco de «faena». Pero ni el reo ni los suyos se habían resistido. Habían hecho su trabajo descansada y aburridamente. A ellos, ¿qué les iba en el asunto? Eran –según la costumbre– mercenarios sirios, egipcios o samaritanos que desconocían la lengua hebrea de los ocupados y malchapurreaban el latín de los ocupantes. Ni entendían los insultos de quienes rodeaban al ajusticiado ni acababan de comprender las frases que éste musitaba desde la cruz. No sufrían por ello. Sabían sólo que el trabajo extra de una crucifixión aumentaba su soldada y soñaban ya con que todo acabase cuanto antes para ir a fundir sus ganancias en la taberna o el prostíbulo. ¡A ver si había suerte y hoy los crucificados cumplían muriéndose cuanto antes! Sacaron sus dados, se alejaron un par de metros de la cruz para evitar las salpicaduras del goteo –¡tan molesto!– de la sangre y se dispusieron a matar la tarde.

Siempre me ha impresionado la figura de estos soldados que –a la hora en que gira la gran página de la historia y a dos metros de la cruz en torno a la que va a originarse un mundo nuevo– se dedican aburridamente a jugar a las canicas. Son, me parece, los mejores representantes de la Humanidad que rodea al Cristo muriente. Porque en el mundo hay –y siempre ha habido– más aburridos, mediocres y dormidos que grandes traidores, grandes hipócritas, grandes cobardes o grandes santos.

Llevo todos los años que tengo de vida formulándome a mí mismo una pregunta a la que no he encontrado aún respuesta: ¿el hombre es bueno o malo? ¿La violencia del que toma la metralleta y asesina es parte de la condición y la naturaleza humana o es simplemente una ráfaga de locura transitoria que «está» en el hombre, pero no «es» del hombre? ¿Y el gran gesto de amor: la madre que muere por salvar a su hijo, el que entrega su sangre por ayudar a un desconocido, es también parte de la raíz humana o es un viento de Dios que se apodera transitoriamente del hombre?

La respuesta que con frecuencia llega a mi cabeza es ésta: no, el hombre no es bueno ni malo; el hombre es, simplemente, tonto. O ciego. O cobarde. O dormido. Porque la experiencia nos enseña que por cada hombre que mata y por cada hombre que lucha para evitar la muerte hay siempre, al menos, mil humanos que vegetan, que no se enteran, que bostezan.

El mayor drama de Cristo no me ha parecido nunca su muerte trágica, sino la incomprensión de que se vio rodeado: sus apóstoles no acabaron antes de su muerte de enterarse de quién era; las multitudes que un día le aclamaron le olvidaron apenas terminados los aplausos; los mismos enemigos que le llevaron a la muerte no acababan de saber por qué le perseguían; sus mejores amigos se quedaron dormidos a la hora de su agonía y huyeron al acercarse las tinieblas.

¿Y hoy, veinte siglos después? ¿Creen los que dicen que creen? ¿No son, en definitiva, coherentes quienes en estos días de Semana Santa huyen a una playa, puesto que son los mismos que habitualmente dormitan o bostezan en misa? Solemos creer que el mundo moderno se pudre por los terroristas, los asesinos o los opresores. Me temo que el mundo esté pudriéndose gracias a los dormidos, gracias a que en cada una de nuestras almas hay noventa y cinco partes de sueño y vulgaridad y apenas cinco de vida y de lucha por el bien y por el mal.

De aquí el mayor de mis asombros: ¿cómo pudo Cristo tener el coraje de morir cuando desde su cruz veía tan perfectamente representada a la Humanidad en aquellos soldados que jugaban a los dados? ¿El gran fruto de su redención iba a ser una comunidad de bostezantes? Morir por una Iglesia ardiente podía resultar hasta dulce. ¡Pero… morir por aquello!

Así entró en la muerte: solo y sabiéndose casi inútil. Tenía que ser Dios – un enorme y absurdo amor– quien aceptaba tan estéril locura. Agachó la cabeza y entró en el túnel de nuestros bostezos. Lo último que vieron sus ojos fue una mano –¡ah, qué divertida!– que tiraba los dados.

# 37
# ¡SOLTAD A BARRABÁS!

Desde hace varios años las paredes de nuestras ciudades se han llenado de pintadas que repiten martilleantes: «¡Soltad a Barrabás!». Porque en nuestro tiempo la fuerza y la violencia se han adueñado ya de los corazones y aspiran a terminar por apoderarse del mundo. Y Barrabás, con diversos nombres de derecha o de izquierda, de golpismo o terrorismo, sigue teniendo miles de seguidores que le prefieren al pacífico Cristo, a todos los pacíficos.

Y es que aquel lejano Viernes Santo no podía faltar, en el enfrentamiento entre el bien y el mal, un choque frontal entre pacifismo y violencia.

Creo que durante siglos se ha ofrecido a los cristianos una visión excesivamente despolitizada del tiempo y la tierra en que vivió Cristo. Por el afán de separar a Cristo de las fuerzas políticas se le situaba en una especie de limbo humano, de Babia terrestre con más azúcar que realidad. Hasta los racionalistas –Renan más que nadie– se inventaban una Palestina idílica, que tenía aire más de una Suiza romántica que de la ácida y arisca nación judía que Jesús conoció.

Hoy los investigadores –yéndose casi al otro extremo– dibujan el tiempo y la tierra de Jesús en un tenso clima revolucionario o prerrevolucionario, que parece acercarse más a lo que los Evangelios muestran, ya que si hay en ellos un –externamente– manso Sermón de la Montaña, no dejan de dibujar la alta tensión sociopolítica del tiempo de Jesús, que era más «tiempo de espadas» que época de tulipanes.

La Palestina en que vivió Jesús no era El Salvador de hoy, pero tampoco se reducía a ovejitas de nacimiento y lirios del campo. Era tierra oprimida por un invasor. Era un pueblo orgulloso, poseído de su grandeza y de su destino, que vivía bajo la bota opresora de Roma y que no cesaba de forcejear contra ella. Jesús aparece en la historia en medio de toda una cadena de estallidos de rebeldía que los romanos ahogaban sistemáticamente en sangre.

Y era precisamente Galilea la tierra madre de esos revoltosos hambrientos de libertad. Los montes que rodeaban el lago de Genezareth y sus pueblos limítrofes eran cuna de cientos de guerrilleros, que como tal podrían definirse con justicia los celotes de la época. Hombres poseídos de la conciencia de que su pueblo era el elegido (hoy diríamos que eran de extrema derecha) y siempre dispuestos a defender la libertad de Israel con la violencia si era imprescindible.

Que al aparecer Jesús predicando el reino de Dios suscitase esperanzas entre todos estos grupos era inevitable. Que muchos creyeran ver en él al caudillo esperado y que interpretaran al Mesías como un liberador temporal era simplemente lógico.

Y todo hace pensar que en el grupo de discípulos de Jesús fueran bastantes los que provenían de este grupo celote. Lo era casi con certeza Simón el Cananeo, palabra esta última sinónima de celote. Es muy verosímil que «los hijos del trueno», mote con que se apodaba a Santiago y a Juan, no fuera sino un alias guerrillero. No son pocos los exegetas que hoy traducen por «el terrorista» el apellido Barjona que Jesús da a Pedro. Y las versiones actuales hacen derivar el nombre del Iscariote no, como se decía, de una supuesta ciudad de Keriot de la que no existe rastro, sino de la palabra «sicario», que provenía de la «sica», el pequeño puñal curvo que muchísimos judíos de la época de Jesús llevaban bajo sus mantos. ¿Y cómo no recordar las actitudes violentas de algunos discípulos de Jesús que piden fuego del cielo para los enemigos de Cristo o que portan espadas a la hora de una pacífica cena pascual?

Pero es la escena de Barrabás la que mayormente sitúa a Jesús ante el gran dilema de la paz o la violencia. San Mateo le presenta simplemente como un «preso notable». San Marcos dice que «estaba en prisión junto con otros amotinados que en el motín habían perpetrado un homicidio». Algo parecido dice san Lucas. Y Juan le presenta como «un salteador». No parece que haya que forzar los datos bíblicos para –atendiendo a la realidad histórica de la época– verle mucho más como un terrorista político que como un criminal común.

Y esta visión clarifica definitivamente el griterío de la multitud prefiriéndole a Jesús. Porque era comprensible que los sumos sacerdotes pidieran la muerte de Jesús. No tanto que la pidiera un pueblo que –aparte de simpatizar con él– estaba bastante lejos de los fariseos y más de los saduceos colaboracionistas con el invasor. Es bastante más lógico pensar que, en los gritos de la multitud, Jesús fue víctima de una coincidencia de intereses: apoyaban los unos al caudillo independentista Barrabás; excluían los poderosos a un Jesús que amenazaba su religiosidad hipócrita. Jesús quedaba así aplastado entre la astucia y la violencia, descalificado por los unos y los otros como un visionario iluso, como un pacifista estéril, como alguien que cometió la suprema locura de predicar y creer en el amor.

Los judíos del tiempo de Jesús querían ante todo su libertad como pueblo y sabían muy bien que, en este mundo, no es el amor el que construye los imperios. Al preferir la ley de la fuerza no hacían una cosa muy diferente de la que hoy hacemos los hombres de todos los países. Como dice Bruckberger, practicaban «la ley de la guerra humana, la ley de Judas: venceremos porque somos los más fuertes».

Muchos –Judas entre ellos– siguieron a Jesús mientras vieron en él una palanca contra el invasor: ¿qué no podría hacerse teniendo al frente a un hombre que hacía milagros y podía disponer de legiones de ángeles? Pero pronto se desilusionaron ante unos discursos que hablaban de poner la otra mejilla. De estas palabras de Jesús decían sus contemporáneos lo mismo que un muy famoso escritor acaba de decir del viaje del Papa a España: que «fue innocuo, ya que se limitó a una sucesión de fervorines». Hubieran preferido que Jesús fuera un «realista político» y se encontraban simplemente con alguien que creía en la verdad y en la conversión interior. No hablaba de estructuras –aun cuando pusiera las bases morales que derribarían pacíficamente con el tiempo las podridas estructuras de su época–. Tenía paciencia ante el mal. No incitaba a la resignación, pero prefería morir a sacar la espada de la vaina. Para la mayoría de los hombres el triunfo humano queda por encima de sus fuerzas. Para Jesús ese triunfo quedaba muy por debajo de sus ambiciones y deseos. Él quería la libertad. Pero no la limitaba a sacudirse de encima a los romanos.

Me impresiona ver cuántos seguidores tiene Barrabás en la Iglesia contemporánea. Durante muchos años he compartido con muchos amigos míos el esforzado combate por la paz. ¿Cómo no asombrarme ahora al verles defensores de tantas formas de violencia, simplemente porque ha cambiado el signo de sus adversarios?

Hace veinte años se partía del Evangelio para construir la teoría de la no violencia activa. Hoy parten muchos de ese mismo Evangelio para escribir la teología de la revolución armada. Y no puedo menos de asombrarme al ver a amigos ayer adoradores de Gandhi y Martin Luther King que ahora han pasado a dar culto a «Che» Guevara y a otros guerrilleros de la metralleta. ¿Se darán cuenta de que al pasar de la lucha por la paz a la violencia sangrienta están prefiriendo, una vez más, a Barrabás y, con ello, condenando de nuevo a Cristo?

No basta con no estar de parte de los opresores. Si por separarnos de Pilato, Caifás y Herodes caemos en la órbita de Barrabás, seguimos estando a kilómetros de Cristo. Decía Bernanos que «el papel de los mártires –pudo decir «de los cristianos»– no es comer, sino ser comidos». El Viernes Santo, Barrabás partió hacia las montañas para capitanear un grupo de «libertadores». Jesús «sólo» subió a la cruz. Pero hoy sabemos que el «brillante radicalismo» de los celotes llevó a muertes y más muertes, hasta que, en el año 70, no sólo ellos, sino gran número de compatriotas inocentes, fueron pasados a sangre y fuego por los romanos. Mientras que la aparente ineficacia de la muerte de Jesús aún sigue siendo un volcán de amor en millones de almas y, lo que es más importante, nos ha salvado a todos.

38

# ANTE EL CRISTO MUERTO DE HOLBEIN

Un día de abril de 1867 un matrimonio de recién casados pasea por las salas del museo de Basilea. El hombre es flaco y rubio, de rostro rojizo y enfermo, pálidos labios que se contraen nerviosamente, pequeños ojos grises que saltan inquietos de un objeto a otro, de un cuadro a otro. Es el rostro de un hombre a la vez vertiginosamente profundo e impresionable como un chiquillo. Ahora se ha detenido ante el *Cristo en el sepulcro*, de Holbein. Los ojos del hombre parecen ahora magnetizados por ese terrible muerto metido en un cajón que aparece en el cuadro. Es –dirá él muchos años más tarde– «el cadáver de un hombre lacerado por los golpes, demacrado, hinchado, con unos verdugones tremendos, sanguinolentos y entumecidos; las pupilas, sesgadas; los ojos, grandes, abiertos, dilatados, brillan con destellos vidriosos». Es un cuerpo sin belleza alguna, sometido al más dramático dominio de la muerte. Y el hombre, al verlo, tiembla. Su mujer se ha vuelto hacia él y percibe su rostro dominado por el pánico. Teme que le dará un ataque. Y el hombre musita en voz baja: «Un cuadro así puede hacer perder la fe». Luego se calla y continúa la visita al museo, como un sonámbulo, sin ver ya lo que contempla. Y, al llegar a la puerta, como atraído magnéticamente, regresa de nuevo al cuadro de Holbein. Se queda largos minutos ante él, como si quisiera taladrarlo en su alma. Luego, cuando se va, tiene en el hotel uno de los más dramáticos ataques epilépticos de su vida. Es un escritor de cuarenta años. Se llama Fedor Mikailovich Dostoievski. Un año antes ha publicado una novela titulada *Crimen y castigo*. Pero sabe que lo que dividirá su vida en dos es la contemplación de ese Cristo muerto de Holbein, que ya jamás podrá olvidar.

Meses más tarde, cuando está escribiendo *El idiota*, la visión de ese Cristo sigue aún persiguiendo al escritor. Y una reproducción del «cajón» de Holbein aparece en la casa de Rogochin, uno de sus personajes. Y el protagonista, príncipe Mischkin, repetirá las palabras que el propio Dostoievski dijera en Basilea a su mujer: «Ese cuadro puede hacer perder la fe a más de una persona». Y páginas más tarde explicará el propio novelista el porqué de esta frase. En otras versiones de Cristo muerto los autores le pintan «todavía con destellos de extraordinaria belleza en su cuerpo», pero en el cuadro de Holbein «no había rastro de tal belleza; era enteramente el cadáver de un hombre que ha padecido torturas infinitas antes de ser crucificado, heridas, azotes; que ha sido martirizado por la guardia, martirizado por las turbas, cuando iba cargado con la cruz». «La cara está tratada sin piedad, allí sólo hay naturaleza». Ante un muerto así, se descubre «qué terrible es la muerte, que se aparece, al mirar este cuadro, como una fiera enorme, inexorable y muda, como una fuerza oscura e insolente y eternamente absurda, a la que todo está sujeto y a la que nos rendimos sin querer».

Estos descubrimientos han conducido a Dostoievski –acostumbrado, como ortodoxo, a ver Cristos siempre celestes, jamás pintados en la crueldad naturalista de un cadáver– a formularse dos preguntas vertiginosas: «Si los que iban a ser sus apóstoles futuros, si las mujeres que lo seguían y estuvieron al pie de la cruz vieron su cadáver así, ¿cómo pudieron creer, a la vista de tal cadáver, que aquel despojo iba a resucitar?». Y una segunda aún más agria: «Si aquel mismo Maestro hubiera podido ver la víspera de su suplicio esta su imagen de muerto, ¿se habría atrevido a subir a la cruz?».

He usado ya dos veces en este artículo la palabra «vértigo, vertiginoso». Nunca sé escribir en la Semana Santa sin emplearla.

Siento, efectivamente, cuando a ella me acerco, que el alma me da vueltas, que algo tiembla dentro de mí, como se vio convulsionada el alma de Dostoievski ante la realidad de la muerte de Cristo. ¿Cómo podría hacer literatura sobre ella? ¿Cómo esquivar la sensación de que estamos asomándonos a un abismo?

Desde hace muchos siglos venimos defendiéndonos de la pasión de Cristo con toneladas de crema y sentimentalismo. Ahora nos defendemos con playas y excursiones. Porque si realmente creyéramos, si tomáramos mínimamente en serio la realidad de que un Dios ha muerto, ¿no sufriríamos todos, al pensarlo, ataques de terror como el de Dostoievski? ¿No vacilaría nuestra fe o, cuando menos, el delicado equilibrio sobre el que todos hemos construido nuestras vidas, aunando una supuesta fe con nuestra comodidad? ¿Cómo lograríamos vivir en carne viva, ya que la simple idea de la muerte de Dios, asumida como algo real, bastaría para despellejarnos?

Ahora está muy de moda mirar con desconfianza preocupada la «teología de la liberación», ver en ella terribles peligros de herejía. Yo tengo que confesar que la que a mí me preocupa es la «teología de la mediocridad» que viene imperando hace siglos entre los creyentes. La teología que reduce la cruz a cartón piedra, la muerte de Cristo a una estampa piadosa, el radicalismo evangélico a una dulce teoría de los términos medios. La teología que ha sabido compaginar la cruz y la butaca; la que encuentra «normal» ir por la mañana a la playa y por la tarde a la procesión, o la que baraja el rezo y la injusticia. Una teología de semicristianismos, de evangelios rebajados, de bienaventuranzas afeitadas, de fe cómodamente comprada a plazos. La que junta sin dificultades la idea de la Semana Santa con la de vacaciones. La que sostiene que los cristianos debemos ser «moderados», que hemos de tomar las cosas «con calma»; que conviene combatir el mal, «pero sin caer por nuestra parte en excesos»; la que echa toneladas de vaselina sobre el Evangelio, pone agua al vino de la muerte de Cristo, no vaya a subírsenos a la cabeza. La dulce teología de la mecedora o de la resignación. La que nunca caerá en la violencia, porque ni siquiera andará. La que piensa que Cristo murió, sí, pero un poco como de mentirijillas, total sólo tres días.

Vuelvo ahora los ojos a este Cristo de Holbein y sé que este muerto es un muerto de veras. Sé también que resucitará, mas que ese triunfo final no le quita un solo átomo de espanto a esta hora. Veo su boca abierta que grita de sed y de angustia, su nariz afilada, sus pómulos caídos, sus ojos aterrados. Este es un muerto-muerto, un despojo vencido, algo que se toma o se deja, se cree o no se cree, pero nunca se endulza. Veo este pobre cuerpo destrozado y sé que el Maestro «lo vio» antes de subir a la cruz; sé que él es el único hombre que ha podido recorrer entera su muerte antes de padecerla, el ser que más libremente la asumió y aceptó, que se tragó entero este espantoso hundimiento, esta «fuerza oscura, insolente y eternamente absurda» que nos vencerá a todos y que sólo gracias a él nosotros venceremos. Sé que después de verla y conocerla «se atrevió» a subir a la cruz, inclinando su cabeza de Dios, haciéndola pasar por el asqueante y vertiginoso túnel de la muerte más muerta. Por eso creo en él. Esta espantosa visión me aterra, como aterró a Dostoievski; pero no me hace vacilar en mi fe; más bien me la robustece. Porque una locura de tal calibre sólo puede hacerse desde un amor infinito, siendo Dios. Un amor tan loco que ahora le sigue llevando a algo mucho peor que la muerte: a la tortura diaria de ser mediocrizado, endulzado, suavizado, recortado, amortiguado, reblandecido, vuelto empalagoso, piadosizado, acaramelado, empequeñecido, falsificado, reducido, hecho digerible todas las Semanas Santas –para que no nos asuste demasiado– por nuestra inteligente y calculadora comodidad.

## 39

## DEDICARSE A LOS HIJOS

Me encuentro con mis vecinos, que parten para vacaciones, cuando cargan en su coche maletas, bártulos, balones, esa montaña de cosas que en el último momento parecen imprescindibles, y le digo a Alfonso:

– Te llevarás la caña de pescar, ¿eh?

Lo sé. Es su vicio. El que le hace escaparse cada domingo en busca de los ríos trucheros.

– No –me dice–; este verano, nada de cañas de pescar.

– ¿Te llevarás, al menos, la raqueta de tenis? –insisto.

– Tampoco. Este verano ni pesca ni tenis. Este verano voy a dedicarme a mis hijos.

Y Mari Carmen, su mujer, me explica que el verano para ellos es un «rollo» tremendo, que en la playa que visitan se aburren infinitamente, porque no hay otra cosa que ir de la playa al apartamento y del apartamento, incomodísimo, a la playa. ¡Pero, en cambio, los niños…! Ellos, sí, la gozan. Y sus padres piensan que bien vale la pena «dedicarse» todo el mes a que sus peques sean felices.

Voy a poner un sobresaliente en mi cuaderno de apuntes a mis vecinos. ¿Qué mejor oficio para las vacaciones que «invertirlas» en querer y quererse? Porque la peste número uno de este planeta que habitamos es que, quién más y quién menos, ya todos hacemos tantas cosas que olvidamos las fundamentales. Ganamos mucho dinero, nos dedicamos tan apasionadamente a organizar el futuro de nuestros hijos que hasta nos olvidamos de hacerles felices en el presente.

Yo no olvidaré nunca aquella conmovedora escena de *Nuestra ciudad*, de Thornton Wilder, en la que autorizaban a los muertos a regresar un día al planeta de los vivos y revivir una jornada, la que ellos prefieran, entre cuantas en la tierra vivieron. Y casi ninguno se atreve a hacerlo. Salvo la pequeña Emily, que se empeña en volver a vivir el día en que cumplió en el mundo nueve años. Los muertos tratan de convencerla de que no regrese, pero Emily es terca. Y vuelve.

Y ahí la vemos, con sus nueve años recién cumplidos, bajando la escalera de su casa, con su vestido nuevo y sus rizos recién peinados, esperando el grito de alegría que dará su madre cuando la vea tan guapa. Pero su madre está ocupadísima en preparar la tarta del aniversario y la merienda, a la que vendrán todas las amigas de su hija. Y ni siquiera mira a la pequeña. «Mamá, mírame», grita Emily, «soy la niña que cumple hoy nueve años». Pero la madre, sin mirarla, responde. «Muy bien, guapa; siéntate y toma tu desayuno». Emily repite: «Pero mamá, mírame, mírame». Pero su madre tiene tanto que hacer que ni la mira. Luego vendrá su padre, preocupado por tantísimos problemas económicos. Y tampoco él mirará a su hija. Y no la mirará el hermano mayor, volcado sobre sus asuntos. Y Emily suplicará en el centro de la escena: «Por favor, que alguien se fije en mí. No necesito pasteles, ni dinero. Sólo que alguien me mire». Pero es inútil. Los hombres, ahora lo descubre, no se miran, no reparan los unos en los otros. Porque no les interesa a ninguno lo del otro. Y, llorando, regresa Emily al mundo de los muertos, ahora que ya sabe que estar vivo es estar ciego y pasar junto a lo más hermoso sin mirarlo.

¿Tendremos nosotros que esperar a la muerte para descubrirlo? ¿Será preciso que un hijo se muera para que sus propios padres descubran que es lo mejor que tienen?

Ugo Betti escribió una frase que a mí me viene persiguiendo desde hace muchos años: «No –dice–, no es verdad que los hombres se amen. Tampoco es verdad que los hombres se odien. La verdad es que los hombres nos desimportamos los unos a los otros aterradoramente».

Es cierto, sí. Ni siquiera llegamos al odio. O tal vez, como decía Bernanos, «el verdadero odio sea el desinterés»; quizá el asesinato perfecto sea el olvido.

Por eso –¡y ya es terrible!– se me convierte en noticia el que un padre vaya a dedicar íntegramente su mes de vacaciones a no hacer nada más que dar felicidad a sus pequeños, que olvide sus negocios y sus preocupaciones, que no crea que es más importante decidir si podrá comprarse coche nuevo este otoño que pasarse las horas bobas haciendo dulcemente el tonto jugando con sus críos en la playa. Que esté con ellos las veinticuatro horas del día, aunque sólo sea para «reparar» la forzosa separación que su esclavitud laboral le impone en los inviernos, en los que sólo puede verlos cuando ya están dormidos.

Cuando mis amigos vuelvan de vacaciones ya sé que tendrán poco que contar. Habrán hecho castillos en la arena, se habrán reído mucho. Y sus hijos estarán más cerca de ellos. ¿Hay veraneo mejor?

# 40
# EL ROSTRO Y LA MÁSCARA

En el mundo hay dos clases de hombres: los que valen por lo que son y los que sólo valen por los cargos que ocupan o por los títulos que ostentan. Los primeros están llenos; tienen el alma rebosante; pueden ocupar o no puestos importantes, pero nada ganan realmente cuando entran en ellos y nada pierden al abandonarlos. Y el día que mueren dejan un hueco en el mundo. Los segundos están tan llenos como una percha, que nada vale si no se le cuelgan encima vestidos o abrigos. Empiezan no sólo a brillar, sino incluso a existir, cuando les nombran catedráticos, embajadores o ministros, y regresan a la inexistencia el día que pierden tratamientos y títulos. El día que se mueren, lejos de dejar un hueco en el mundo, se limitan a ocuparlo en un cementerio.

Y, a pesar de ser así las cosas, lo verdaderamente asombroso es que la inmensa mayoría de las personas no luchan por «ser» alguien, sino por tener «algo»; no se apasionan por llenar sus almas, sino por ocupar un sillón; no se preguntan qué tienen por dentro, sino qué van a ponerse por fuera. Tal vez sea ésta la razón por la que en el mundo hay tantas marionetas y tan pocas, tan poquitas personas.

La gente tiene en esto un olfato magnífico y sabe distinguir a la perfección a los ilustres de los verdaderamente importantes. Ante los primeros dobla, tal vez, el espinazo; ante los segundos, el corazón. De ahí que no siempre coincidan la fama y la estimación.

Hay universidades en las que los alumnos saben que deben despreciar al rector, si verdaderamente es un mequetrefe aupado, y valorar a aquel adjunto que tiene el alma llena. Y hay empresas o ministerios en los que presidente o ministro son el hijo de papá o el enchufado de turno que sirven de pim-pam-pum de todas las ironías, mientras sus secretarios son queridos por todos.

Pero lo grave del problema es que, aunque todos sabemos que la fama, el prestigio y el poder suelen ser simples globos hinchados, nos pasemos la mitad de la vida peleándonos por lo que sabemos que es aire.

Un hombre, pienso yo, debería tener un ideal central: realizarse a sí mismo, construir su alma, tenerla viva y llena. Preocuparse, sí, por la comida, porque aun los genios tienen que alimentarse un par de veces al día («para que no se corrompa el subyecto», como decía san Ignacio), pero sabiendo muy bien que todas las mandangas de este mundo no le añadirán ni un solo codo a su estatura.

Oscar Wilde escribió algo terrible y certerísimo: «Un hombre que aspira a ser algo separado de sí mismo —miembro del Parlamento, comerciante rico, juez o abogado célebre o algo igualmente aburrido— siempre logra lo que se propone. Éste es su castigo. Quien codicia una máscara termina por vivir oculto tras ella».

Es verdad. El verdadero castigo de los ambiciosos no es fracasar en sus sueños; es lograrlos. Los hombres de la codicia espiritual suelen triunfar, son tercos, luchan como perros por un hueso y acaban casi siempre arrebatándolo. Y ése es su verdadero castigo. Antes existía su codicia y ellos no existían, pero aún les quedaba la posibilidad de despertarse y de empezar a poseer sus almas. Cuando triunfan, siguen sin existir, pero la morfina de lo conquistado les impide, ya para siempre, ver lo vacíos que están, porque el espejo les devuelve sus figuras orondas revestidas de cargos e hinchadas de aire, hinchadas de nada.

Además, quienes tienen como meta de su vida títulos, cargos, honores, brillos, ya pueden descansar una vez que los consiguieron; mas el que tiene como meta la de realizar su alma, siempre hallará nuevos caminos abiertos por delante, nunca sabrá dónde acaba su camino, porque cada día se hará más apasionante, más alto, más hermoso. «¿Quién puede calcular –decía el mismo Wilde– la órbita de nuestra alma?». Nada hay más ancho y fecundo que el alma de un hombre, esa alma que puede ser atontada por la morfina de las vanidades, pero que, si es verdadera, jamás se saciará con la paja de los establos brillantes del mundo. Cuando David pastoreaba en el campo los rebaños de su padre, ¿sabía acaso que llevaba ya un alma de rey? ¡Dios mío, y cuántos muchachos llevarán por nuestras calles almas de rey y no lograrán enterarse nunca de ello! ¡Cuántos se pasarán la vida braceando por escalar puestos sin antes haberse escalado a sí mismos! ¡Cuántos perderán su alegría y la pureza de sus almas por conquistar una careta, para luego pagar el amargo precio de tenerse que pasar la vida viviendo con ella puesta!

# 41
# QUIEN SE ASOMBRA, REINARÁ

Hay un viejísimo evangelio apócrifo que atribuye a Jesucristo la frase que he puesto por título a estas líneas, frase que, casi con seguridad, nunca diría Cristo, ya que poco tiene que ver con su estilo, pero que encierra, en todo caso, una verdad como un templo. Seguramente es una incrustación tomada de cualquier pensador griego, pues eran precisamente ellos quienes mayormente rendían tributo a la admiración. Platón asegura en uno de sus diálogos, en el *Timeo*, que «los griegos veían en la admiración el más alto estado de la existencia humana».

Yo ya sé que entre nosotros eso del asombro se valora bastante menos y que hasta ironizamos de todo el que se admira con mucha frecuencia, como si la admiración fuera realmente hija de la ignorancia –cosa que puede ser verdad cuando es demasiada– y sin darnos, en cambio, cuenta de que, en todo caso, es también madre de la ciencia. «Sorprenderse, extrañarse, es comenzar a aprender», decía Ortega y Gasset.

Claro que habría que empezar por distinguir de qué se asombra una persona y, sobre todo, por qué se asombra. Porque hay muchas personas que cuando contemplan una cosa, necesitan saber primero su precio para, luego, asombrarse o no. Lo mismo que todos esos visitantes de museos que no saben si un cuadro les gusta o no hasta que no han visto, a su pie, el nombre del autor. Realmente quienes abren la boca ante lo que cuesta mucho o ante los nombres rimbombantes, no son admiradores, son papamoscas.

El verdadero admirador tiene que empezar por ser, al menos, un poco generoso. A mí me asombran mucho esas personas para las que todo está mal en el mundo, que encuentran defectos hasta en los mayores genios, que cuando les preguntas la lista de sus autores favoritos, la nómina se les acaba con los dedos de una mano.

Yo tengo que confesar que a mí me encanta casi todo, me asombra casi todo. No hay autor que lea en el que no encuentre cosas aprovechables, me entusiasma cualquier música que supere los límites de la dignidad, me admiran cientos y millares de personas. Creo que el día que la muerte me llegue, lo que voy a sentir es no haber llegado a saborear ni la milésima parte de las maravillas de todos los estilos que en mi vida merodean.

Además, lo bueno del asombro es que no se acaba nunca. Lo que sorprende, te sorprende una sola vez. A la segunda ya no es sorprendente. Pero el asombro crece en todo lo bueno. Yo diría que cuanto más estudio y analizo una cosa hermosa, más me asombra, lo mismo que cuando saco agua de un pozo tanto más fresca me sale cuanto más hondo meto el caldero.

Así me ocurre con todos los artistas. Empecé a admirar a Antonio Machado con diecisiete años y aún no he terminado. Y cada vez admiro más su vertiginosa sencillez. En la música tengo el vicio de oír, veces y veces, las piezas que me gustan, incansablemente, seguro de que aún no he descubierto su verdad y de que lo haré en la próxima audición. O en la siguiente.

Además, admirar a la gente es una de las mejores maneras de no tener envidia. Tengo tantas cosas que aprender de todos aquellos a quienes admiro, que no sé para qué perder el tiempo en envidiarles.

Y pienso, naturalmente, que se puede admirar mucho a personas con las que, en otros aspectos, no estamos de acuerdo. A veces me ocurre que personas que militan en ideas opuestas a las mías se extrañan si les digo que yo admiro tal o cual entre sus virtudes. ¿No sería más lógico que yo me sintiera enemigo suyo y, consiguientemente, les aborreciera en toda su integridad? Pero yo esto no lo entiendo. Sé que incluso entre los católicos hay quienes dan la consigna (incluso grupos y movimientos enteros) de «ignorar» totalmente los valores artísticos o literarios de aquellos escritores o artistas contrarios a su fe. Yo esto no lo entiendo. ¿Por qué voy a decir que escribe mal alguien que dice cosas contrarias a mi vida? Yo prefiero decir con mucha claridad que aborrezco sus ideas, al mismo tiempo que aprendo de su modo de adjetivar. Y ya sé que esto no se usa, sé que a mí muchos presuntos avanzados no me perdonarán jamás el terrible delito de ser cura. Pero si yo considero injusto su desprecio basado en una etiqueta, ¿con qué derecho incurriría yo en la misma injusticia porque ellos lleven la etiqueta contraria o porque sean injustos?

Prefiero tener bien abierto el diafragma de la admiración y del asombro. Me gustaría vivir con los ojos muy abiertos, como los niños. Y es que estoy seguro de que detrás de cualquier estupidez o de un canalla hay siempre un rincón de alma admirable y una zona de belleza asombrosa.

## 42

# CAPERUCITA VIOLADA

Probablemente nunca en la historia del mundo se ha hablado tanto como ahora de la libertad. Tal vez porque nunca hubo tan poca. Y no me estoy refiriendo a los regímenes dictatoriales, ni siquiera a las grandes opresiones económicas. Aludo a la mordaza que incluso a quieres nos creemos muy libres nos pone a diario la realidad de este mundo que nos hemos construido.

Día a día los tópicos se tragan a las ideas. El bombardeo de los medios de comunicación, de las grandes fuerzas políticas es tal que ya el pensar por cuenta propia es un placer milagroso que casi nadie se puede permitir. Uno tiene que pensar lo que «se piensa», lo que «se dice», lo que «circula». La moda ha saltado de los vestidos a las ideas, e incluso los que se creen más independientes terminan vistiéndose los pensamientos de los grandes modistas de la mente. Los jóvenes, que se creen tan rebeldes, terminan hablando «como está mandado» que hoy hable y piense un joven. No logra saberse «quién» lo ha mandado, pero lo cierto es que o aceptas ese estilo de hablar y pensar o serás un permanente bicho raro, un marginado de tu generación.

No se sabe quién fabrica la papilla mental de la que todos nos alimentamos. Pero es cierto que más que pensar nos lo dan pensado o, como dice un personaje de Garci, «no vivimos, nos viven».

Y es inútil gritar que somos libres de pensar algo distinto de lo que impera. El día que resulte ridículo opinar de manera distinta de la común, ¿habrá alguien que se atreva a usar de la libertad de discrepar en una civilización en la que hacer el ridículo se habrá convertido en el más capital de los pecados?

Bernanos escribió hace años un texto que conforme avanzan los años se va haciendo, de día en día, más profético:

«En nuestro tiempo yo no conozco un solo sistema o un solo partido al que se le pueda confiar una idea verdadera con la más pequeña esperanza de poder encontrarla a la mañana siguiente no digo ya intacta, sino incluso simplemente reconocible. Yo dispongo de unas cuantas pequeñas ideas que me son muy queridas; pues bien, no me atrevería a enviarlas a la vida pública, por no decir a la casa pública, porque la prostitución de ideas se ha convertido en el mundo entero en una institución del Estado. Todas las ideas que uno deja ir ellas solitas, con su trenza a la espalda y con su cestita en la mano como Caperucita Roja, son violadas en la primera esquina de la calle por quién sabe qué *slogan* en uniforme».

El párrafo es dramático, pero rigurosamente verdadero. Y fácilmente comprobable. Uno, por ejemplo, ama apasionadamente la paz; es, sería sin dudarlo un pacifista. Pero de pronto mira a lo que se llama pacifista en el mundo de hoy y empieza a dudar si no se habrá equivocado de mundo o de pacifismo.

Uno, claro, ama apasionadamente la democracia, y lo que más le gusta en ella es la idea de que siempre se respetarán en plenitud los derechos de las minorías. Pero pronto descubre que mejor es que te libre Dios de ser negro en un país de blancos, conservador en un país de socialistas o tradicional en una civilización en la que se lleve la progresía.

Pero lo verdaderamente asombroso no es siquiera el comprobar el infinito número de pequeños dictadores que hay en toda comunidad (e incluso en toda persona). Lo grave es que, además de recortar nuestra libertad de discrepar, tienen todavía suficientes argumentos para convencernos de que están respetando nuestros derechos y de que, si nos quejamos, lo hacemos sin razón. Con lo cual uno se queda sin el derecho y con la mala conciencia de protestar injustamente.

Además está el lastre de la obligación de «pensar en bloque». En nuestro tiempo la gente no piensa en cada caso lo que cree que debe pensar. Más bien la sociedad te empuja a elegir una determinada postura ideológico-socio-política, y una vez adoptada, tú ya tienes que pensar forzosamente lo que «corresponde» a la postura elegida. Eso de que uno sea conservador en unas cosas y avanzado en otras, abierto en unas y dispuesto a mantenerse fiel al pasado en otras, es algo incomprensible, insoportable. Uno tiene estricta obligación de pensar igual que sus amigos, lo mismo que los que votaron lo que él, debe defender en bloque cuanto hagan aquellos con los que en un momento determinado coincidió. El derecho a la revisión permanente de las propias ideas se llama hoy incoherencia, y hasta te aseguran que «con la patria (y con el partido, con el clan y hasta con la salsa de fresa) uno tiene que estar con razón o sin ella». El conformismo se ha vuelto la gran ley del mundo. Y son cada vez más los seres humanos que abdican de la libertad de pensar a cambio de que les garanticen la libertad de ser igual que los demás y no hacer el ridículo. ¿No sería más práctico que nos fabricaran en serie como a los muñecos?

# LAS DIMENSIONES DEL CORAZÓN

Entre la mucha correspondencia que recibo llegan con frecuencia algunas de esas melodramáticas y maravillosas cartas que sólo pueden escribirse a los veintipocos años. En ellas brillan muchachos o muchachas que me piden, como con angustia, ayuda; que me explican que su corazón está confuso y que necesita, imperiosamente, alguien que les oriente y que les guíe.

Son cartas que a mí me llenan de alegría porque, entre otras muchas razones, yo sé que todo el que pide ayuda ya ha empezado a resolver sus problemas tan sólo con el hecho de haberse dado cuenta de que la necesita.

Pero también me llenan de preocupación, porque sé también que cualquier guía inteligente lo primero que ha de enseñar a un joven es que es él, él mismo, el responsable de su alma, que es él quien debe construirla; que un guía puede servir para los primeros pasos, pero que el mejor maestro de natación no es el que se pasa la vida sosteniendo al nadador, sino el que le enseña a nadar en pocas jornadas y después se retira a la orilla.

Así es: no se vive por delegación. Cada uno debe coger su vida a cuestas, con las dos manos, con todo el coraje, y construirla, afanosamente, como se escala una montaña, y, a la vez, modestamente, como se construye una casa.

Luego, el buen guía tendrá que explicar algo que ese joven no querrá creerse: que sus problemas no son el centro del mundo y que, si quiere resolverlos, tendrá que empezar por situarlos en medio de los problemas de los demás humanos y hasta empezar por entregarse a resolver los de los demás si quiere que empiecen a clarificarse los propios.

Mi respuesta a los angustiados es siempre la misma: no te vuelvas neuróticamente sobre tus propios problemas, no te enrosques como un perro en su madriguera; sal a la calle, mira a tus hermanos, empieza a luchar por ellos; cuando les hayas amado lo suficiente se habrá estirado tu corazón y estarás curado. Porque de cada cien de nuestras enfermedades, noventa son de parálisis y de pequeñez espiritual. «El vicio supremo es la limitación del espíritu», decía Oscar Wilde. Y aún lo decía mejor un viejo santo oriental, san Serapión: «El problema de a qué dedicamos nuestra vida es un problema artificial. El problema real es la dimensión del corazón. Consigue la paz interior y una multitud de hombres encontrarán su salvación junto a ti».

Esta frase me hace recordar aquella fabulilla oriental de un zapatero que una mañana, en la oración, oyó una voz que le anunciaba que aquel día vendría Cristo a visitarle. El zapatero se llenó de alegría y se dispuso a hacer, lo más deprisa que pudiera, su trabajo del día para que, cuando Cristo viniera, pudiese dedicarse enteramente a atenderle. Y apenas abrió su tienda llegó una mujer de la vida para que el zapatero arreglase sus zapatos. El viejo la atendió con cariño e incluso soportó con paciencia el que la pobre mujer charlase y charlase, contándole todas sus penas, aunque con tanta charla casi no le dejaba trabajar y tardara mucho más de lo previsto en arreglar los zapatos.

Cuando ella se fue vino a visitarle otra mujer, una madre que tenía un niño enfermo y que también le daba prisa para que arreglase con urgencia unos zapatos. Y el zapatero la atendió, aunque su corazón estaba en otro sitio: en su deseo de terminar cuanto antes su trabajo, no fuera a llegar Cristo cuando él aún no hubiese terminado.

A la tarde llegó un borracho que charlaba y charlaba y que, con tanta cháchara, apenas le dejaba rematar aquel par de zapatos que había llevado para reparar.

Así que cayó la noche sin que el zapatero hubiera tenido un minuto de descanso. Pero, aun así, se preparó para recibir la venida de Cristo que le habían prometido. Mas seguían pasando las horas. Y se hizo noche cerrada. Y el zapatero comenzó a temer que Cristo ya no vendría. Y dudaba si acostarse o no.

Y sólo entonces escuchó una voz que le decía: «¿Por qué me estás esperando? ¿No te has dado cuenta de que he estado contigo tres veces a lo largo del día?».

Así hay muchas personas que esperan a Dios o que esperan a llenar sus vidas y sus almas y no acaban de descubrir que Dios y sus almas están ya en lo que están haciendo y viviendo, en sus amigos y vecinos, en el amor que malgastan por creerlo menos importante. Esperan que alguien les guíe y sostenga y se olvidan de amar. Esperan un tesoro y malgastan su verdadera herencia. Porque es verdad aquello que escribiera Rosales: «Lo que has amado es lo que te sostiene. Lo que has amado, ésa será tu herencia. Y nada más».

## 44

## LA CARA SOLEADA

Hace pocos días recordaba Julián Marías aquel verso del poeta Tennyson en el que se nos invita a elegir «el lado soleado de la vida». La frase me llenó de luz y pensé que, efectivamente, nuestra vida, como las calles de la ciudad, tiene una acera soleada y otra en sombra. Y recordé cómo los hombres, instintivamente, sin necesidad de que nos empujen a ello, elegimos sin vacilar la soleada en los meses de invierno y la sombra en los de verano. ¿Quién es el masoquista que en plena canícula elige esa acera sobre la que el sol cae como fuego?

En cambio, pensé después, hay un enorme número de personas que parece que en su vida eligieron siempre las aceras en sombra en pleno invierno. Se pasan las horas remasticando sus dolores o sus fracasos, en lugar de paladear sus alegrías o alimentarse de sus esperanzas; dedican más tiempo a quejarse y lamentarse que a proclamar el gozo de vivir.

Yo ya sé que hay circunstancias en que se nos obliga a caminar por la sombra: cuando llegan esos dolores que son inesquivables. Pero, aun en estos casos, un hombre debería recordar que lo mismo que en las aceras en sombra de vez en cuando el sol mete su cuchillo luminoso entre casa y casa, también en todo dolor hay misteriosas ráfagas de alegría o, cuando menos, de consuelo.

Si, por ejemplo, yo estoy enfermo es evidente que sufro y que difícilmente puedo escaparme del dolor. Pero el dolor no debe hacerme olvidar que, por ejemplo, en ese momento tengo siempre alguna o muchas personas que me quieren y que, seguramente, en el dolor me quieren más, precisamente porque estoy enfermo. Entonces yo puedo, ante esa enfermedad, asumir dos posturas: una, entregarme a mi sufrimiento, con lo cual consigo doblarlo; otra, pensar en el cariño con que me acompañan mis amigos, con lo que estoy reduciendo mi dolor a la mitad.

¿Cuándo aprenderemos que, incluso en los momentos más amargos de nuestra vida, tenemos en nuestro coraje la posibilidad de disminuirlo?

Hace días me ocurrió algo curioso que quiero contar a mis amigos. Estaba viendo en la televisión la serie *Ludwig* y me llamó la atención la frase de uno de los personajes que explicaba que «no conseguía dormir e incluso, cuando al fin se dormía, soñaba que no podía dormir». Me pareció un símbolo perfectísimo de los pesimistas. Pero ocurrió que, al acabar la película, me puse a leer un fabuloso libro de Catalina de Hueck y allí me encontré este párrafo que decía exactamente lo contrario:

«Una vez, durante la oración, estaba tan fatigada que me caía dormida. Ni siquiera era capaz de leer la Biblia. Entonces le dije al Señor: 'Ya que me has dado el don del sueño, dame también el de tenerlos bonitos'. Y tuve un sueño relajador, admirable, y al día siguiente pude orar, pues estaba tranquila y podía concentrarme».

Me pareció magnífico: una puritana, una neurótica se habría enfurecido consigo misma por el terrible delito de tener sueño. Habría pensado que ofendía a Dios por el pecado de dormirse en la oración. Pero Catalina sabía que si el sueño de la pereza es un mal, el sueño del cansancio es también un don de Dios. No se enfureció por lo inoportuno de aquella soñarrera, pidió a Dios unos sueños bonitos. «Con Dios, pensaba, no es necesario disimular. Él nos conoce bien, desde las uñas de los pies hasta los cabellos de la cabeza». Mejor entonces ponerse en sus manos, dormir y volver a la oración cuando haya regresado el equilibrio.

¿Por qué no hacer así en la vida toda? Cuánto más agradable sería nuestra vida (¡y la de los que nos rodean!) si nos atreviésemos a apostar descaradamente por la alegría, si descubriéramos que de cada cien de nuestros ataques de nervios, noventa, al menos, vienen de nuestro egoísmo, nuestro orgullo o nuestra terquedad.

Todas las cosas del mundo –y nuestra vida también– tienen una cara soleada, pero nos parece frívolo el confesarlo y nos sentimos más «heroicos» dando la impresión de que caminamos cargando con dolores y problemas espantosos. Y la tristeza no es ciertamente un pecado. A ratos es inevitable. Pero lo que sí es inevitable y lo que seguramente es un pecado es la tristeza voluntaria. No sin razón Dante coloca en lo más hondo de su infierno a los que viven voluntariamente tristes, a cuantos no se sabe por qué complejo tienen tendencia (o la manía) de ir en verano por toda la solana y en invierno por donde más viento sopla.

# 45
# ADÓNDE VAMOS A PARAR

Cada vez me encuentro más personas que viven asustadas por la marcha del mundo. Son, tal vez, padres que me paran por la calle para contarme que la «juventud está perdida», que ya no saben qué hacer para defender a sus hijos del ambiente que les rodea. O son mujeres que me escriben lamentando el clima sucio que en los medios de comunicación y en las calles se respira. O jóvenes que no saben lo que quieren o adónde van. O sacerdotes angustiados porque perciben esa crecida de la angustia de sus fieles ante la crisis económica. Y casi todos terminan sus lamentaciones con la misma frase: «¿Adónde vamos a parar?».

Yo, entonces, les doy la única respuesta que me parece posible: «Vamos adonde usted y yo queramos ir». E intento recordarles dos cosas.

La primera es que, aunque es cierto que el ambiente y las circunstancias influyen tremendamente en la vida de los hombres, es, en definitiva, la propia libertad quien toma las grandes decisiones. Vivimos en el mundo, es cierto, pero cada uno es hijo de sus propias obras y, por fortuna, al final, hay siempre en el fondo del alma un ámbito irreductible en el que sólo manda nuestra propia voluntad. La historia está llena de genios surgidos en ambientes adversos. Beethoven fue lo que fue a pesar de tener un padre borracho; Francisco de Asís descubrió la pobreza en un ambiente donde se daba culto al becerro de oro del dinero; todos los intransigentes no arrancaron un átomo de alegría a Teresa de Jesús.

Hoy, me temo, todos tenemos demasiada tendencia a escudarnos en el ambiente para justificar nuestra propia mediocridad. Y llega el tiempo de que cada hombre se atreva a tomar su propio destino con las dos manos y a navegar, si es preciso, contra corriente. Dicen –yo de esto no entiendo nada– que los salmones son tan sabrosos porque nadan en aguas muy frías y porque nadan río arriba. Ciertamente los hombres –de éstos entiendo un poquito más– suelen valer en proporción inversa a las facilidades que han tenido en sus vidas.

La segunda cosa que suelo responder a mis amigos asustados que se preguntan adónde va este mundo es que «el mundo» somos nosotros, no un ente superpuesto con el que nosotros nada tengamos que ver. Si el mundo marcha mal es porque no funcionamos bien cada uno de sus ciudadanos, porque no habría que preguntarse: «adónde va a parar el mundo», sino hacia dónde estoy yendo yo.

Porque, además, a nadie se nos ha encargado en exclusiva la redención del mundo. Sólo se nos pide que hagamos lo que podamos, lo que está en nuestra mano.

Por ello, ¿qué hacer cuando las cosas van mal? Yo creo que pueden tomarse cuatro posturas: tres idiotas (gritar, llorar, desanimarse) y sólo una seria y práctica (hacer).

En el mundo sobran, por de pronto, los que se dedican a lamentarse, esa infinita colección de anunciadores de desgracias, de coleccionistas de horrores, de charlatanes de café, de comadrejas de tertulia. Si algo está claro es que el mundo no marchará mejor porque todos nos pongamos a decir lo mal que marcha todo. Es bueno, sí, denunciar el error y la injusticia, pero la denuncia que se queda en pura denuncia es aire que se lleva el aire.

Menos útiles son aún los llorones, aunque éstos encuentren una especie de descanso en sus lágrimas. A mí me parecen muy bien las de Cristo ante la tumba de su amigo, pero porque después puso manos a la obra y le resucitó. Y me parecen estupendas las de

María porque no le impidieron subir hasta el mismo Calvario. Pero me parecen tontas las de las mujeres de Jerusalén, que lloraron mucho pero luego se quedaron en el camino sin acompañar a aquel por quien lloraban.

Peor es aún la postura de los que, ante el mal del mundo, se desalientan y se sientan a no hacer nada. El mal, que debería ser un acicate para los buenos, se convierte así en una morfina, con lo que consigue dos victorias: hacer el mal y desanimar a quienes deberían combatirlo.

La única respuesta digna del hombre –me parece– es la del que hace lo que puede, con plena conciencia de que sólo podrá remediar tres o cuatro milésimas de ese mal, pero sabiendo de sobra que esas tres milésimas de bien son tan contagiosas como las restantes del mal.

El mundo no estaba mejor cuando Cristo vino a redimirlo. Y no se desanimó por ello. A la hora de la cruz le habían seguido tres o cuatro personas y no por ello renunció a subir a ella. Ningún gran hombre se ha detenido ante la idea de que el mundo seguiría semipodrido-semidormido a pesar de su obra. Pero ese esfuerzo suyo –tan fragmentario, tan aparentemente inútil– es la sal que sigue haciendo habitable este planeta.

## 46

# LAS TRES OPCIONES

Según Jacques Madaule, en las novelas de Graham Greene hay tres tipos de personajes, ya que para el novelista inglés sólo hay tres posturas «ante este mundo visible, monstruoso y omnipotente». Porque «o bien se acepta el mundo, renunciando uno a sí mismo y a su propio mundo (y entonces se tienen garantías de llegar a hacer una carrera bastante 'honorable'), o bien se niega el mundo y se hace como si no existiese (y entonces se fabrica un mundo imaginario y llega uno a convencerse de que ese mundo inventado es el verdaderamente real), o se entra en lucha abierta con él (y entonces hay que aceptar la solución fatal de este combate)».

Tal vez la división sea demasiado tajante y pesimista, pero yo me temo que es sustancialmente verdadera. Y, consiguientemente, que esos tres tipos de seres están no sólo en las novelas de Greene, sino también en nuestra vida cotidiana.

El género de los que se «amoldan» es el más abundante; cubre posiblemente al noventa por ciento de la Humanidad. Son seres que se resignan a los carriles marcados, que carecen de ambiciones intelectuales y morales, leen lo que está mandado leer, tragan lo que la televisión les sirve, se desgastan en un trabajo que no aman y, aunque realmente no viven, siempre encuentran pequeñas cosas que les dan la impresión de vivir: se llenan de diversiones también comunes; se apasionan por el fútbol y los toros (y no como descansillos de vivir, sino como lo que de hecho llena sus vidas) y pasan por la tierra sin haber engendrado un solo pensamiento que puedan decir que es suyo. Gracias a ellos el mundo rueda. Y todos sabemos hacia dónde.

El segundo tipo de seres es menos frecuente, aunque todavía es abundante. Éstos tuvieron una juventud ardiente y disconforme. Llegaron a descubrir que casi todas las cosas de este mundo están sostenidas sobre columnas inexistentes. Descubrieron hasta qué punto la realidad es devoradora y omnipotente. Soñaron, ya que no construir un mundo mejor, sí construir, al menos, su propio mundo personal. Pero pronto se dieron cuenta de que la vida les iba llenando de heridas. No querían renunciar a sus ideales, pero tampoco tenían coraje para realizarlos. Y encontraron la solución creándose un mundo de sueños. No se amoldaron al mundo, se salieron de él. Fueron progresivamente habitando en el paraíso que se fabricaban para sí mismos y terminaron por creerse que ése era el mundo verdadero. Fuera había dolor, pero ellos vivían lejos de él: en su paraíso de piedad religiosa; en el de un mundo que decían «poético»; huían de la realidad a través de la música, de unos cuantos amigos, tal vez de un amor. El mundo, pensaron, no cambiaría nunca. Y prefirieron fabricarse un gueto «ad usum Delphinis» en el que podían encontrase calientes y reconfortados.

Otros decidieron mantener su rebeldía. Decidieron pensar por cuenta propia. En lo religioso apostaron por Dios, pero pusieron muchos interrogantes a todas las bandejas en las que se lo servían. Eligieron su carrera no porque fuera rentable, sino por el afán de ser fieles a sí mismos. Se convirtieron en permanentes inadaptados, pero tampoco se adaptaron a su inadaptación y huyeron de esa otra peste de ser distintos por el afán de parecerlo. Pagaron un alto precio. Aprendieron que toda vocación es un calvario. Si a veces se cansaban y el alma se les escapaba a los sueños de los segundos, sabían tirarse de las bridas del alma y volver incesantemente a su gran tarea: exigirse a sí mismos. Sabían que lo importante no era llegar a ninguna parte, sino llegar a ser. Sentían miedo a ratos, pero jamás se sentaban a saborear su propio miedo. Buscaban. Buscaban. Sabían que se morirían sin haber terminado de encontrarse. Pero seguían buscando. Se toleraban a sí mismos muchas flaquezas, pero jamás el desaliento. Nunca se preguntaban «para qué» servía el amor. Creían tanto en él que no les preocupaba conocer su eficacia. Eran engañados miles de veces. Mas no creían que eso les autorizase a engañar o a engañarse. Creían en la justicia. Sabían que siempre estaría en el horizonte, por mucho que caminasen hacia ella. No se avergonzaban de sus lágrimas, pero sí de que su corazón no hubiera crecido nada en las últimas horas. Cuando los demás les hablaban de una bomba atómica que un día nos quitará las razones para vivir, ellos pensaban que el dinero, la sociedad, los honores, los prestigios iban haciendo –ya ahora, no en presagios– esa misma tarea. Y la gente pensaba que fracasaban. Y tal vez ellos también lo temían a ratos. Pero estaban vivos. Tan vivos que no se detenían a pensarlo por miedo de perder un momento de su vida. Morían sin haber dejado de ser jóvenes. Unos les llamaban locos y otros santos. Ellos sólo sentían la maravillosa tristeza de no haber llegado a ser ni lo uno ni lo otro.

## LA TIERRA SAGRADA DEL DOLOR

Llevo mucho tiempo preguntándome si no estaré hablando demasiado de la alegría en este cuaderno de apuntes, si no estaré ocultando más de lo justo la cara oscura de la vida y conduciendo con ello a mis lectores al reino de Babia.

Y me contesto que ya hay en el mundo demasiadas personas que hablan de la amargura y de la tristeza, por lo que no será malo que alguien, al menos, hable de esa esperanza que tantos olvidan.

Pero aun así me sigue preocupando que aquí no se esté diciendo la verdad entera, porque ¿cómo hablar de la vida sin hablar del dolor? Hace pocos días un político español hablaba en una escuela de niños y les decía que el estudio debería convertirse en un juego, que no aceptasen tareas que les resultasen costosas porque sus maestros deberían volvérselas agradables. Y yo pensaba que es cierto que un profesor ha de esforzarse en convertir en juego el trabajo, pero que al final serán muchos los estudios que los pequeños tendrán que hacer cuesta arriba, y que más bien habría que empezar a descubrir a los niños que casi todas las cosas importantes de este mundo hay que hacerlas dejando sangre en el camino. La vida es hermosa, desde luego, pero no porque sea fácil. Y todo nuestro esfuerzo debería estar en descubrir que no deja de ser hermosa porque sea difícil.

Por ello quiero precipitarme a decir a quienes me lean que la alegría de la que yo hablo, que el amor que yo pregono y la esperanza que me encanta anunciar no son forzosamente producto de la pastelería, sino que siguen existiendo a pesar de todas las zonas negras de la vida. Que son muchas.

Impresiona pensar que después de tantos siglos de historia el hombre no haya logrado disminuir ni un solo centímetro las montañas del dolor. Más bien está aumentando. «¿Creeremos acaso —se preguntaba Péguy— que la Humanidad va sufriendo cada vez menos? ¿Creéis que el padre que ve a su hijo enfermo sufre hoy menos que otro padre del siglo XVI; que los hombres se van haciendo menos viejos que hace cuatro siglos; que la Humanidad tiene ahora menos capacidad de ser desgraciada?»

Teilhard —que era un gran optimista— reconocía que «el sufrimiento aumenta en cantidad y profundidad» precisamente porque el hombre va aumentando en la toma de conciencia de sus realidades. ¡Ah, si viéramos —decía— «la suma de sufrimientos de toda la tierra! ¡Si pudiéramos recoger, medir, pesar, numerar, analizar esa terrible grandeza! ¡Qué masa tan astronómica! Y si toda la pena se mezclase con toda la alegría del mundo, ¿quién puede decir de qué lado de los dos se rompería el equilibrio?».

Es amargo decir todo esto, pero no debemos cegarnos a nosotros mismos. Y me gustaría adentrarme en éste y en mis próximos artículos por esta senda oscura. ¿Me seguirán en ellos mis lectores? ¿O se asustarán al ver la senda por la que quiero conducirles?

Es curioso: hubo siglos en los que el gran tabú fueron los temas sexuales. Hoy el gran tabú son el dolor y la muerte. La gente no quiere verlos. Es impúdico hablar de ellos. La realidad se obstina en metérnoslos por los ojos, pero todos preferimos pensar que el dolor es algo que afecta a «los otros», nadie se atreve a enfrentarse con la idea de que también él sufrirá y morirá. Parece que sólo nuestros vecinos fueran mortales.

Y hoy quisiera sólo decir una cosa: que cuando yo empujo a la gente a vivir, les estoy animando a asumir la vida entera, tal y como ella es. Que no creo que el hombre esté menos vivo cuando sufre, que el dolor no es como un descansillo que tenemos que pasar para llegar al rellano de la alegría, sino una parte tan alta y tan digna de la vida como las mejores euforias.

Kierkegaard escribe en uno de sus libros: «Los pájaros en las ramas, los lirios del campo, el ciervo en el bosque, el pez en el mar e innumerables gentes felices están cantando en este momento: ¡Dios es amor! Pero a la misma hora está también sonando la voz de los que sufren y son sacrificados, y esa voz, en tono más bajo, repite igualmente: ¡Dios es amor!».

Yo pienso que la vida (como Dios) es amor en la alegría y en la tristeza, en los que hoy se enamorarán por primera vez y en cuantos hoy serán víctimas de un accidente de automóvil; que la vida es verdadera en las cunas de los recién nacidos y en las camas de los hospitales; en las risas y en el llanto; que no hay una vida en la alegría y una no vida en el dolor, sino que todo es vida y que puede que el dolor lo sea, incluso, doblemente.

## 48

# LA ALEGRÍA ESTÁ EN EL SEGUNDO PISO

En las vidas de Buda se cuenta la historia de un hombre que fue herido por una flecha envenenada y que, antes de que le arrancasen la flecha, exigió que le respondieran a tres preguntas: quién la disparó, qué clase de flecha era y qué tipo de veneno se había puesto en su punta. Por supuesto que el hombre se murió antes de que pudieran contestar sus preguntas. Y comenta Buda que «si insistimos en entender el dolor antes de aceptar su terapia, entonces las infinitas enfermedades que padecemos acabarán con nosotros antes de que nuestras mentes se sientan satisfechas».

Seguramente las peticiones de ese hombre de la fábula nos parecen disparatadas. Y, sin embargo, son las más corrientes ante el problema del dolor: el hombre ha gastado mucho más tiempo en preguntarse por qué sufrimos que en combatir el sufrimiento.

Se han escrito centenares de libros intentando responder a ese «por qué». Y todos nos dejan insatisfechos. Han intentado aclararlo los filósofos, las religiones. Al final todos han de confesar –como hace Juan Pablo II en su última encíclica sobre el tema– que «el sentido del sufrimiento es un misterio, pues somos conscientes de la insuficiencia e inadecuación de nuestras explicaciones». Hay, sí, algunas respuestas que nos aproximan a la entraña del problema, pero al final nunca acabaremos de entender por qué sufren los inocentes, por qué parecen con frecuencia triunfar los malos. Tal vez ninguna otra cuestión ha engendrado más ateos ni ha provocado tantas rebeldías y tantas blasfemias contra el cielo.

Y parece que habría que preguntarse si no sería mejor comenzar por aclarar otras cuestiones en las que podemos avanzar mucho más: si no entendemos el «por qué» del dolor, tratar de encontrar algunas respuestas que nos aproximan a la entraña del problema, entender al menos su sentido. O preguntarse: ¿Cómo combatirlo? ¿Cómo disminuir el dolor? ¿Cómo convertirlo en algo útil? ¿Qué hacer con él para que no nos destruya? ¿Cómo podríamos convivirlo, ya que no sepamos esquivarlo? Avanzando con respuestas parciales, ¿no habríamos aclarado mucho más la cuestión que rompiéndonos la cabeza en la pregunta que sólo vemos por el reverso del tapiz en un mundo en que media realidad se nos escapa?

Por eso yo pediría a mis lectores que dieran el primer paso descubriendo que el dolor es herencia de todos los humanos, sin excepción. Porque tal vez el mayor de los peligros del sufrimiento es que empieza convenciéndonos de que nosotros somos o los únicos que sufrimos o, en todo caso, los que más padecemos. Un simple dolor de muelas nos empuja a creernos la víctima número uno del mundo. Si un telediario nos habla de una catástrofe en la que murieron cinco mil personas, pensamos y sentimos compasión por ellas durante dos o tres minutos. Pero si nos duele el dedo meñique, invertimos en autocompadecernos las veinticuatro horas del día. Salir de uno mismo es siempre muy difícil. Salir de nuestro propio dolor es casi un milagro. Y habría que empezar por ahí.

Se cuenta también en la vida de Buda que un día acudió a él una pobre mujer que llevaba en los brazos a un hijo muerto. Y gritaba pidiendo que se lo curase, mientras los que les rodeaban pensaban que aquella pobre loca no veía que el niño estaba muerto. Buda dijo entonces a aquella mujer que su hijo podía aún curarse, pero que para hacerlo necesitaba unas semillas de mostaza que hubieran sido recogidas en una casa en la que en los últimos años no se hubiera muerto ningún hijo, ningún hermano, ningún amigo o pariente y en la que en ese mismo tiempo no se hubiera sufrido un gran dolor. La mujer saltó de alegría y se precipitó a recorrer la ciudad buscando esas milagrosas semillas de mostaza. Y comenzó a llamar a puertas y puertas. En unas había muerto el padre, en otras alguien se había vuelto loco, más allá estaba enfermo uno de los niños, más acá había un anciano paralítico. Y caía la noche cuando la mujer regresó a la presencia de Buda con las manos vacías. Y ya no volvió a pedir la curación de su hijo. Porque su corazón estaba en paz.

No me gusta ese refrán que dice «mal de muchos, consuelo de tontos». Yo diría «mal de muchos, serenidad del hombre». Porque hay que combatir el dolor, sí, pero sabiendo que es parte de nuestra condición humana, de nuestra finitud de seres incompletos. Aprender que los grandes personajes felices de la historia no lo fueron porque no sufrieran», sino «a pesar de haber sufrido». Porque la alegría no está en una habitación lejana del dolor, sino en el piso de encima del sufrimiento.

# 49
# LA MEJOR PARTE

Si yo empezara estas notas citando ese proverbio ruso que dice que «el dolor embellece al cangrejo», seguro que no faltaría algún lector que me escribiera asegurándome que él se siente muy a gusto de no ser cangrejo. Y tendría toda la razón. Porque se ha hecho demasiada retórica sobre la bondad del dolor. ¿Quién no ha oído descender de algunos púlpitos melifluas melopeas explicando que Dios envía el dolor a sus preferidos o cantando la dulzura de la enfermedad? Mira por dónde, la mayoría de los que hablan así están muy sanos y hablarían con tonos muy distintos bajo el latigazo del llanto. Resulta que todos sabemos muy bien cómo deben llevarse los dolores del prójimo y que luego nos encontramos desarmados cuando nos sangra el dedo meñique.

A mí me parece que en este tema se suelen confundir tres cosas: lo que es el dolor, aquello en lo que el dolor puede convertirse y aquello que se puede sacar del dolor. Lo primero es horrible. Lo segundo y tercero pueden ser maravillosos.

Me gusta por eso ver que Teilhard llama abiertamente «oscuro y repugnante» al sufrimiento, pero que inmediatamente habla de un «dolor transformable» que puede convertirse en una palanca para levantar al hombre y al mundo.

Cristo mismo nunca cantó al dolor, nunca entonó florilegios gloriosos sobre la angustia. Los asumió con miedo, entró en ellos temblando. Y los convirtió en redención.

Mejor es, por todo ello, no echarle almíbar al dolor. Pero decir sin ningún rodeo que en la mano del hombre está el conseguir que su dolor sea de agonía o de parto. El hombre no puede impedir el dolor. Pero sí puede lograr que no le aniquile. E incluso conseguir que le levante en vilo.

En este sentido sí estoy yo de acuerdo con cuantos presentan el dolor como uno de los grandes motores del hombre. Con Alfredo de Musset, que asegura que «nada nos hace tan grandes como un gran dolor». Con Fenelón, que escribe que «el que no ha sufrido no sabe nada». Con Schubert, que piensa que «el dolor aguza la inteligencia y fortifica el alma». O con Rivadeneira, para quien «el dolor es la trilla que aparta la paja del grano; la lima áspera que quita el orín y limpia el hierro; el crisol que afina y purifica el oro; la librea de los hijos de Dios». O con el bellísimo verso de Rosales: «Las almas que no conocen el dolor son como iglesias sin bendecir».

Yo nunca me imaginaré a Dios «mandando» dolores a sus hijos por el gusto de chincharles, ni incluso por el de probarles. El dolor es parte de nuestra condición de criaturas, deuda de nuestra raza de seres atados al tiempo y a la fugitividad; fruto de nuestra naturaleza. Por eso no hay hombre sin dolor. Y no es que Dios tolere los dolores del hombre. Es que respeta esa condición temporal del hombre, lo mismo que respeta el que un círculo no pueda ser cuadrado.

Lo que sí nos da Dios es la posibilidad de que ese dolor sea fructífero. Empezó haciéndolo él personalmente en la cruz, creando esa misteriosa fraternidad que sostiene el universo.

Por eso en mi artículo anterior insistía yo en que es más importante conocer el «para qué» del dolor que su «por qué». Es duro, desde luego, no saber por qué se sufre. Pero lo verdaderamente doloroso es temer que el sufrimiento sea inútil.

Por fortuna no lo es. Pero el hombre tiene en sus manos ese don terrible de conseguir que su dolor (y el de sus prójimos) se convierta en vinagre o en vino generoso. Y hay que reconocer con tristeza que son muchos más los seres destruidos, pulverizados por la amargura, que aquellos otros que han sabido convertirlo en fuerza y alegría.

El verdadero problema del dolor es, pues, el del «sentido» del dolor y, más en concreto, el de la «manera» de sufrir. Ahí es donde realmente se retrata un ser humano. Amiel decía que «la manera de sufrir es el testimonio que un alma da de sí misma». Es muy cierto: hay «grandes» de este mundo que se hunden ante las tormentas. Y hay pequeñas gentes que son maravillosas cuando llega la angustia. Un hospital es a veces una especie de juicio final anticipado.

Recuerdo ahora aquella hermosa carta que el padre Teilhard escribió a su hermana Margarita. El jesuita de los grandes descubrimientos científicos sentía casi envidia de su hermana, siempre encadenada a su silla de ruedas. Y le decía: «Margarita, hermana mía: Mientras que yo, entregado a las fuerzas positivas del universo, recorría los continentes y los mares, tú, inmóvil, yacente, transformabas silenciosamente la luz, en lo más hondo de ti misma, las peores sombras del mundo. A los ojos del Creador, dime: ¿cuál de los dos habrá obtenido la mejor parte?».

## 50

## LA HERIDA DEL TIEMPO

Recuerdo que cuando era niño me encantaba subir las escaleras de dos en dos y más aún bajarlas de tres en tres o de cuatro en cuatro. Lo hacía como todos los niños y me sentía tanto más fuerte cuantas más escaleras era capaz de bajar sin tocar el pasamanos. Con la llegada de la juventud dejé de bajar las escaleras saltando, pero seguí subiéndolas de dos en dos. Y sólo ya muy entrado en la madurez me di cuenta un día de que había dejado de hacer las dos cosas: ahora las subía de una en una y lo hacía instintivamente, sin haberme propuesto un afán de seriedad. Nadie había dicho a mi cuerpo que recortara sus ímpetus, pero él solo había descubierto que ya no era un chiquillo o el joven que fue y las fuerzas empezaban a reducirse. Por aquella misma fecha me di cuenta de que mi hermano mayor había dado un paso más: él ya nunca subía sin agarrarse constantemente al pasamanos, cosa que yo hacía aún solamente de vez en cuando. Sin necesidad de reflexión alguna. Sin que fuera precisa ninguna enfermedad, nuestros cuerpos se sabían heridos por el más cruel de todos los dolores: la herida del tiempo.

Sí, envejecemos. Comenzamos a envejecer desde que nacemos o, al menos, apenas cruzada la raya de la madurez. Un día descubrimos que al encontrarnos con nuestros compañeros de curso comenzamos, instintivamente, a hablar de la salud, un tema que jamás nos preocupaba de jóvenes. Otro nos encontramos con que los jóvenes, como si se hubieran puesto de acuerdo, empiezan a tratarnos de usted. Vemos que las críticas que los demás nos hacen y que en la juventud nos hacían sonreír y que en la madurez nos irritaban, ahora ya no nos producen ni una cosa ni otra, pero, en cambio, nos hunden, nos angustian. Nos damos cuenta de que pensamos más que antes en la muerte, que recordamos la infancia y la juventud casi obsesivamente. Repasamos la lista de nuestros antiguos compañeros y percibimos que en ella han comenzado a multiplicarse los huecos y hasta tenemos esa sensación que, en un bosque, deben tener los árboles cuando comienzan a sentir lejanos los golpes del hacha y el desplomarse de los compañeros cortados.

Tenemos la sensación de quien sube a una montaña. Conforme trepa por la ladera, el paisaje va como desnudándose y el escalador empieza encontrarse cada vez más solo. Un día se da cuenta de que ya han muerto sus padres y la mayoría de sus profesores de colegio. Y sabe que la cumbre que le espera es magnífica. La vista desde arriba debe ser arrebatadora. Pero sabe también que arriba ya no hay más camino. Más allá solo está el cielo. Y en esta ascensión no hay posibilidad de volver a bajar a la llanura. Y tampoco cabe la posibilidad de vivir largamente en la cumbre. Porque no se vive en las cumbres.

Sí, sentirse envejecer es doloroso. Sólo menos doloroso que sentirse ya viejo.

Pero fijaos bien que he dicho «doloroso» y no «triste», aunque sé muy bien que para muchísimos ancianos (¿para la mayoría?) es también, y además, algo muy triste.

El mundo de hoy (a pesar de que en él se están multiplicando las personas de edad) no es nada cómodo para los ancianos. Decimos que nos preocupamos de ellos, pero la realidad es que de lo que nos preocupamos es de decirles que ellos ya son simples supervivientes, más o menos tolerados en el mundo. La jubilación, que debería ser el gozoso descanso merecido, es en muchos casos una simple despedida, un certificado de defunción social.

Y, sin embargo, hay que gritar que la ancianidad no es ni una muerte ni una espera del final.

Se declina, sí, en fuerzas físicas, pero ¡cuántas cosas pueden seguir creciendo! Un anciano tiene que aceptar, sí, su ancianidad (¡no hay nada más grotesco que un viejo que trata de seguir aparentando juventud!), pero desde esa aceptación ha de negarse a ser un jubilado de la vida y de la alegría. Un anciano tendrá que cambiar de formas de vivir su amor, pero (sin caer en los grotescos viejos verdes) ¿quién va a impedirle que siga amando tantas cosas y a tantas personas?

Tampoco hay que jubilarse de la alegría y menos si se vive desde la fe. Recuerdo ahora aquella oración que Paul Claudel pone en boca de uno de sus personajes y que a mí me encantaría saber rezar en mis últimos (tanto si son próximos como lejanos) años:

«Llegó la noche. Ten piedad del hombre, Señor, en este momento en que, habiendo acabado su tarea, se pone ante ti como el niño al que le preguntan si se manchó las manos. Las mías están limpias. ¡Acabé mi jornada! He sembrado el trigo y lo he recogido y de este pan que he hecho han comulgado mis hijos o mis amigos. Ahora, he acabado. ¡Vivo en el quicio de la muerte y una alegría inexplicable me embarga!».

## 51

# LA BRISA DEL CEMENTERIO

¿Puedo atreverme a dar un paso más y hablar de la muerte? Me temo que no haya tema menos periodístico. Porque la simple idea de que el hombre ha de morir es el gran tabú de nuestra civilización, una especie de asunto lúbrico que ni se menciona en la buena o en la mala sociedad. Se habla en todo caso de la muerte de los otros. Jamás de la propia. Y aunque todos sabemos que somos mortales, parece que siempre los mortales fueran «los otros». Y cuando alguien –un viejo, un enfermo– se atreve a hablar de su propia muerte, ahí estamos todos para espantar los que llamamos «sus pájaros negros» y para convencerle de que no, de que «las brisas del cementerio» (que a veces decía sentir Teilhard) aún quedan muy lejos.

Y, sin embargo, yo estoy absolutamente convencido de que –la frase es de Leclerq– «un hombre no es verdaderamente adulto hasta que ha mirado a la muerte cara a cara».

¿Estoy invitando a la gente a vivir con el miedo a la muerte cargado sobre sus espaldas, como se hacía en los sermones antiguos? ¡Dios me libre! Los seres más tristes de este mundo me parecen esas personas que, agobiadas por el pánico a la muerte, se olvidan de vivir. De lo que estoy hablando es de la gente que ha logrado mirar a su propia muerte con serenidad, que ha sabido asumirla como una parte real y normal de su propia vida y que, desde esa certeza, toma redobladas fuerzas para sacarle más jugo a sus años de vida.

Pero me parece que para lograr esto hay que empezar por espantar las fantasmagorías de todos los colores. Lo más terrible de la muerte es que no tiene rostro y que en ese hueco de su cara pone cada hombre sus propios sueños, temores o morfinas: algunos pintan ese rostro de aparatosos colores, que les hacen vivir acoquinados; otros prefieren fingirse todo un abanico de hermosas luminarias, que tienen que ir cambiando constantemente porque ninguna termina de camuflar ese óvalo vacío; no faltan quienes intentan convencerse a sí mismos de que quienes creemos no debemos tenerle miedo a esa muerte porque sabemos que tras ese rostro está Dios (y olvidan que Cristo, que sabía mejor que nadie lo que hay al otro lado y que conocía que de su muerte saldría el chorro de vida más intenso de la historia, tuvo, sin embargo, miedo a morir).

Todos tenemos miedo, alguna forma de miedo, por qué no confesarlo. ¿Por qué no decir sin rodeos que la verdadera valentía no consiste en no tener miedo, sino en tener el suficiente amor como para superarlo?

Recuerdo ahora aquella página terrible que escribe Simone de Beauvoir sobre su juventud. Son muy pocos los jóvenes que se atrevan a asumir la idea de que ellos han de morir. Saben que son mortales, pero viven como inmortales. Pero Simone vivió su juventud en una desgarradora lucidez. En su feroz ateísmo pensaba que «la actitud más franca era la de suprimirse. Estaba de acuerdo y admiraba a los suicidas metafísicos. Pero no pensaba recurrir a esa salida: tenía demasiado miedo a la muerte. Sola en mi casa, luchaba a veces; temblando, con las manos juntas, me ponía a gritar medio loca: yo no quiero morir». Pero ¿qué resolvían esos gritos?

Los creyentes sabemos que al otro lado no hay un vacío. Pero eso no nos impide temblar ante el aguijón de la muerte. «No podemos —decía Pierre Henri Simon—, acudiendo a la fe o a la filosofía, ocultar tan fácilmente la crueldad de su reinado». Sí, aun los creyentes creemos que morirse es el escándalo de los escándalos y nuestro pobre ser —¿por qué avergonzase de ello?— sabe que «ni siquiera el gran sol del amor eterno logrará que esta victoria de la noche no haya tenido lugar en el tiempo».

La salida, vuelvo a decir, como escribí hablando del dolor, no puede estar en engañarnos a nosotros mismos echándole azúcar a la muerte. La solución tiene que estar en saltar por encima, no en acurrucarnos por debajo o en creer que no sufriremos al pasar por ese túnel. La solución tiene que estar en encontrarle sentido y valor a esa muerte, no en devaluar su amargura. Por eso vuelvo a repetir: la muerte es desgarradora, pero no negativa o triste sino para aquellos que se preparan a perder su muerte después de haber perdido su vida. Yo sé que la muerte será horrible, pero no la temo. Al menos no la temo lo suficiente como para acobardarme.

Es triste pensar que la mayoría de los hombres mueren sin haber asumido ni comprendido su propia muerte. Mueren, simplemente, porque no pueden evitarlo. Y yo me atrevo a pensar que la muerte es algo demasiado importante en nuestras vidas como para que se nos pase sin vivirla.

## 52
# LOS DOMINGOS DEL ALMA

Últimamente –supongo que esto se nota en mis escritos– estoy leyendo mucho antiguos textos budistas. No siempre estoy de acuerdo con todo lo que dice, pero casi siempre me ayudan al equilibrio interior, me permiten descubrir nuevos ángulos de la verdad que yo no sospechaba y en algunos casos me sirven para descubrir mejor cuál es la verdadera originalidad del mensaje cristiano. Espero que nadie se escandalice si digo que creo que todos los caminos llevan a Dios, ni tampoco si añado que igualmente creo que el Evangelio lleva más derechamente a su corazón.

Pero regresando al tema de la muerte que apunté en mi comentario del domingo pasado, me impresiona comparar las diferentes posturas que el mundo budista y el cristiano adoptan ante ella. Sintetizando mucho, yo diría que para los orientales el objetivo es «amansar» o «desarmar» a la muerte, mientras que para los cristianos la meta es «transformarla», darle un sentido, «convertirla en vida».

El budista piensa –y en esto es infinitamente superior a todas las filosofías moderna imperantes– que el hombre debe ir despojándose de todo, ir abandonando ilusiones, dejando olvidado su yo, de modo que, cuando la muerte llegue, ya no tenga ninguna tarea que hacer, nada que ganar, porque todo ha sido ya anteriormente perdido.

El planteamiento es hermoso y tiene algunos contactos –sólo algunos– con lo que piensan los místicos cristianos. Más contactos tiene con el pasivismo, el abandonismo de algunas personas bautizadas que se creen cristianos sin darse cuenta de que son espiritualmente budistas. Son los que ponen la resignación en la cima de sus virtudes, confundiéndola con la aceptación de la voluntad de Dios.

Pero yo creo que la postura de los cristianos ante la muerte es muy diferente. Para nosotros, morir no es «abandonarse», sino «darse». No es un progresivo ir despegándose de todo, sino un amar todo apasionadamente con la seguridad de que ese todo será convertido por la resurrección en una realidad nueva y más radiante. No pensamos que la solución sea irnos recortando el corazón, sino muy al contrario: «Creemos que el verdadero fracaso en la vida es llegar a morirse sin corazón» (la frase es de Carrin Dunne) o, lo que aún sería peor, morirse sin haber llegado a estrenar el corazón.

Y éste debería ser el verdadero miedo que tendríamos que tener a la muerte: que llegue cuando aún tenemos el alma sin terminar, llena de muñones; que la muerte «nos arrebate» en lugar de entregarnos enteramente a ella después de haberla digerido.

A los creyentes no nos angustia la muerte porque no sepamos lo que hay al otro lado (sabemos que aquello a lo que el corazón se entrega al morir es lo que Jesús llamaba Padre), lo que nos aterra –o más exactamente: nos duele– es saber que llegaremos a él con las manos semivacías.

Por eso en esta sección, que tanto habla de la vida, me estoy atreviendo ahora a hablar de la muerte: porque nada debe empujarnos tanto a vivir entera y apasionadamente como la certeza de que la vida será corta.

No sé si he contado alguna vez en éstas páginas que la única gran tristeza que a mí me quedó tras la muerte de mi padre fue la de darme cuenta de cuán egoísta había sido yo en sus últimos años de existencia. Vivía mi padre en Valladolid y yo sólo podía ir a verle algunos domingos. Pero esos días eran para mi padre como un rayo de sol, eran «más domingo». Y yo estaba en aquel tiempo siempre sobrecargado de trabajo, con lo que los fines de semana eran mi única ocasión de ponerme un poco al día de las cosas atrasadas a lo largo del resto de la misma. Con lo que empecé a tacañear mis viajes. Y sólo cuando mi padre se fue me di cuenta de que no había trabajo más importante que aquel de haberle dado un poco de alegría con mis visitas. ¡Descubrí la importancia de aquellos domingos cuando ya era tarde! ¿Nos pasará lo mismo con el otro Padre? ¿Nos enteraremos de lo importantes que eran nuestras horas cuando ya hayan pasado?

¡Hay que quererse deprisa, amigos míos! ¡Hay que quererse ahora, ahora, en estos dulces, pequeños, cortos años! ¡Hay que convertir en una casa este diminuto planeta tierra que gira entre los astros! Al otro lado espera el misterio. Para los creyentes, un misterio de amor. Pero aquí nos dieron las manos y el corazón para que consiguiéramos que, en esta espera, fueran todos los días un hermoso y radiante domingo.

# 53
## LA TRAMPA DEL OPTIMISMO

El otro día, al regresar a casa, me encontré en el contestador automático con una voz que, cariñosa y tartamudeante, me dejaba este mensaje en la cinta: «Simplemente decirle que notamos que sus artículos son ahora muy tristes. Sus artículos eran un rayo de esperanza, de luz y alegría. Por favor, vuelva a escribir como antes».

La llamada no me sorprendió, porque la esperaba. Pero sí me hizo pensar mucho. Porque resulta que hace ahora semanas me preguntaba yo si no habría llegado la hora de afrontar en estas páginas el rostro doloroso de la realidad, porque temía engañar a los lectores mostrándoles sólo sus aspectos más alegres y luminosos. Y empecé mi serie de artículos –sobre el dolor, el envejecimiento, la muerte– con miedo a que desconcertaran o no gustasen a algunos amigos acostumbrados a temas más azucarados.

Yo no puedo, naturalmente, saber si todos mis lectores piensan como el grupo de amigas que refleja la voz de mi contestador. Pienso que no. Pero en todo caso es ésa una voz digna de ser analizada. Y me gustaría saber si es que era realmente triste el «tono» en que yo escribí esos artículos o si lo que no gustó a esas amigas y les pareció triste es lo que en esos comentarios se trataba y decía.

Me temo que fuera esto último. A nadie nos gusta que nos recuerden nuestro rostro sufriente, ni siquiera para intentar iluminárnoslo. Es preferible que alguien nos diga que todo es bello en el mundo, que todo va bien, señora baronesa. Pero ¿qué debo dar yo a los lectores: azúcar o luz? ¿Debo convencerles de que se vive cuesta abajo o ayudarles a vivir cuesta arriba?

Supongo que, a estas alturas, mis amigos habrán descubierto por qué suelo hablar yo mucho más de la esperanza que del optimismo. Por qué, incluso, siento un cierto recelo ante la palabra «optimismo». Y ya, ya sé que en muchos casos este vocablo se usa como sinónimo de ganas de vivir, de coraje, de tendencia a mirar las cosas por su lado positivo. Pero también sé que hay muchos que se refugian detrás del optimismo para autoconvencerse –así lo definen el diccionario y la filosofía– de que vivimos en el mejor de los mundos.

Visto así, el optimismo es una especie de sustitutivo barato de la esperanza. Los optimistas tienden a proclamar que el mundo es una maravilla y lo ven todo de color de rosa. Y los esperanzados sabemos que el mundo es de muchos colores y algunos muy dolorosos, pero también pensamos que, aunque el mundo está muy lejos de ser un paraíso, tenemos energías humanas y espirituales suficientes para transformarlo y mejorarlo. Los demasiado optimistas con frecuencia se pegan tales coscorrones con el mundo que acaban muchos de ellos siendo terribles pesimistas (casi todos los pesimistas son optimistas decepcionados), mientras que los realistas esperanzados saben que, pase lo que pase y ocurra lo que ocurra, su tarea es poner las manos en el mundo para afrontar con coraje la realidad. Y saben que, al otro lado de la sangre y del dolor, está la alegría. Sólo al otro lado. Como la resurrección está tras el Viernes Santo.

Digo todo esto porque no quiero que mis lectores me malentiendan: la alegría de la que yo hablo es hermosa, pero cara. La luz que yo trato de repartir no es vaselina. La esperanza no es morfina o un «todos fueron felices y comieron perdices»

Por eso me asusta que alguien no digiera el que yo hable del sufrimiento o de la muerte. Eso que yo no he conseguido aún explicarme. Me parece radicalmente cierta la frase de Henri de Lubac: «El sufrimiento es el hilo con el cual se ha tejido la tela de la alegría. El optimismo nunca conocerá esa tela».

Y otra cosa me preocupa aún más: cuando yo invito a la gente a ser feliz en este mundo no lo hago sólo para que ellos lo pasen bien, sino, sobre todo, para que tengan energías a la hora de cambiar el mundo y hacerlo más feliz para los demás. Mis artículos no quieren ser un analgésico que cure el dolor de vivir. Quieren ser, al contrario, vitaminas que empujen a mejorar lo que nos rodea, que está muy lejos de ser un mundo ideal. Tenía razón García Lorca cuando recordaba que «el optimismo es propio de las almas que tienen una sola dimensión: de las que no ven el torrente de lágrimas que nos rodea, producido por cosas que tienen remedio».

Esto hay que repetirlo: lo peor del mal es que, en un alto porcentaje de ocasiones, es evitable. Los que vivimos en la esperanza no la queremos como un caramelo para chupetearla, sino como una palanca de transformación. Queremos estar alegres para trabajar, no para quedarnos adormecidos en el lago de azúcar de nuestros propios sueños.

## 54

# LOS MAESTROS DE LA ESPERANZA

Cuando algunos amigos me escriben diciéndome que mis articulejos de los domingos les llevan cada semana una ración de esperanza, yo me pregunto si estos amigos estarán tan solos o tan miopes como para no percibir que, con toda seguridad, tienen en sus casas infinitas más razones para esperar de las que yo pudiera dar en estas líneas.

Las tienen. Sobre todo en estos días. En estas vísperas de Navidad, que son como un cursillo intensivo de la asignatura de la esperanza. Y que conste que hablo de las dos esperanzas: de la que se escribe con mayúscula y que se hizo visible en el portal de Belén y de esas esperancillas en moneda fraccionada que cada día nos regala la vida. Pero no voy a hablar hoy de las grandes esperanzas que uno pude aprender leyendo el Evangelio o las páginas de santa Teresa, de san Juan de la Cruz o cualquier buena biografía de Francisco de Asís (por citar sólo unos cuantos ejemplos). Quiero hablar de ese libro de texto que se puede tener sin acudir a las librerías, el mejor tratado de esperanzas que existe en este mundo: los ojos de los niños. Sobre todo en vísperas de Navidad ahí puede leerse todo. ¿Qué daría yo porque todos mis artículos juntos valiesen la milésima parte o dijeran la mitad de lo que unos ojos de niño pueden decir en una fracción de segundo?

Leedlos, por favor, en estos días. Convertíos en espías de sus ojos. Estad despiertos al milagro que en ellos se refleja. Seguro que todos, en casa o en el vecindario, tenéis este texto que no cuesta un solo céntimo. Observadles cuando juegan en la calle, cuando os los cruzáis en los ascensores de vuestra casa, cuando se quedan como perdidos en el mundo de sus sueños. Perseguid en estos días las miradas de vuestros hijos, de vuestros nietecillos, de vuestros pequeños sobrinos, nadie, nada, nunca os contará tanto como esos ojos, como ese tesoro que todos tenéis al alcance de la mano.

Observadlos, sobre todo, la víspera de Nochebuena y de Reyes. Entonces descubriréis que las suyas son esperanzas de oro, mientras que las de los mayores son simples esperanzas de barro. ¿Y sabéis por qué? Porque las de los pequeños son esperanzas «ciertas». Comparadlas con esa mirada con la que el jugador sigue la bola que gira en la ruleta y acabaréis de entender. Los dos ojos de éste se vuelven vidriosos, el girar de la bolita le da esperanza, pero es una esperanza torturadora que le crea una tensión enfebrecida y casi le multiplica el dolor en lugar de curárselo: sabe que la suya no es una esperanza cierta. Más que esperanza es hambre, pasión, ansia. Nada de eso hay en el niño. El pequeño, la víspera de Reyes, también espera, también está impaciente. Pero su impaciencia consiste no en que dude si le vendrá la alegría o la tristeza, sino tan sólo en que será amado y su esperanza consiste en tratar de adivinar de qué manera le van a amar y cuán hermoso será el fruto de ese amor. ¡Ésa es la verdadera esperanza! La de los adultos siempre les encoge un poco el alma, les hace cerrarse en ella, la aprietan a la vez que los puños, como con miedo a que se les escape. La esperanza de los niños es abierta, les vuelve comunicativos, saltan y se agitan, pero se agitan porque la esperanza les ha multiplicado su vitalidad y no son ya capaces de contenerla; arden, pero están serenos y tranquilos. Saben. Saben que no hay nada que temer. No han visto aún sus regalos. Pero sienten la mano que les acaricia ya antes de entregárselos.

¡Dios santo: si nosotros alcanzásemos una milésima de esa esperanza! ¡Si nosotros lográsemos, al menos en Navidad, volvernos niños!

El hombre vive mendigando amor. Y es como un mendigo que tuviera repleta su cartera de un tesoro que desconoce. Es el peor de los ciegos. El gozo de la belleza del mundo le rodea, le inunda, pero el hombre se enrosca en sus propias minucias. ¡Si levantara simplemente los ojos! Dicen que el hombre con esperanza es el que nos mira a los ojos y que el que no la tiene es el que nos mira a los pies. Mirad, amigos, estos días los ojos de vuestros hijos, salid por unas horas del cochino dinero y de las tontas preocupaciones. Una hoja de un árbol cualquiera –ahora que están tan hermosas, en otoño– tiene más alegría que un alto cargo en un ministerio. Una canción silbada por la calle es mejor que un discurso. Y entre las piedras del camino brota la hierba.

En Navidad esto lo podemos sentir mejor que nunca. Los creyentes somos redobladamente afortunados: estamos más ciertos que nadie de ser queridos. Pero incluso quienes creen no creer, ¿por qué no buscan todos esos ratos de amor que hay esparcidos por el mundo? ¿Por qué no descubren, al menos, ese milagro de los milagros que hay –como un signo, como un anticipo de la fe– en los rostros de sus hijos?

## 55

# LA MINIRREVOLUCIÓN

El otro día, en una emisora de radio, me preguntaba alguien por qué están ahora las gentes tan inquietas, tan desasosegadas, tan comidas por el hormiguillo que no las deja vivir, tan como estranguladas por el miedo, los nervios y la angustia. Y por qué esto les ocurre no sólo a quienes tienen razones objetivas (el paro, la miseria) para mirar con temor el porvenir, sino incluso a quienes teóricamente parecen tener el futuro sustancialmente resuelto, pero que no están, por ello, menos expuestos a depresiones, a necesitar pastillas para dormir, a llevar el corazón en volandas.

Y mientras oía la pregunta me acordaba yo de aquel texto de Jean Guitton que describe a la Humanidad actual como ese grupo de animales que, encerrados en una cuadra, olfatean, presienten, de un modo confuso pero cierto, que se está acercando la tormenta y agitan sus lomos y crines, cocean y relinchan inquietos.

Y ¿qué es lo que los hombres de hoy presienten, aunque aún no sepan formularlo? Saben que la Humanidad no puede seguir mucho tiempo por el camino que lleva; intuyen que, si algo no cambia, la Humanidad será destruida por su propio progreso; descubren que estamos caminando por una senda que parece cada vez más claramente desembocar en un abismo de destrucción. Y entienden que ha llegado la hora de cambiar, pero no saben ni hacia qué ni cómo hacerlo. ¡Están, por lo demás, tan decepcionados de tantos cambios que nada cambiaron! «Han visto ya –diagnostica Guitton– que ni el superarmamento atómico ni el supererotismo podrán mantener por mucho tiempo el ritmo de crecimiento actual y que acabarán por poner en evidencia, con esa claridad que proporciona el abismo, la urgente necesidad de elegir entre el ser y la nada, la necesidad de apostar entre un agotarse a través del sexo y de la droga y un verdadero redescubrimiento del amor».

El diagnóstico me aparece absolutamente certero y creo que hay que tomarlo, demás, por donde más quema. En el siglo XIX pudieron ilusionarse con la escapatoria de creer en el crecimiento indefinido del progreso. En las décadas pasadas se creyó en las revoluciones y en la política. Pero hoy, ¿quién cree que todo eso pueda hacer algo más que poner leves parches o trasladar la inquietud de unas personas a otras o de unos temas a otros? El mismo progreso económico barre la angustia por muy poco tiempo, la aleja del estómago y la traslada al corazón. ¡Y qué poco revolucionarias son las revoluciones! La tortilla de un mundo envenenado no pierde su veneno por muchas vueltas que se le den. Cambian, tal vez, los nombres y apellidos de ambiciosos y poderosos, pero no se ve que decrezcan ni la ambición ni las ansias de dominio. Avanza, tal vez, la medicina de los cuerpos, pero parece que, en la misma medida, se multiplicasen los dolores morales, las traiciones, las almas sin amor, las soledades.

¿Dónde ir? ¿Hacia qué puertos navegar? Los creyentes pensamos, al llegar aquí, que esa misma inquietud la sentía hace ya muchos siglos san Agustín y que ya él señaló la puerta de salida y descanso: «Tarde te conocí, Señor. Nos hiciste, Señor, para ti e inquieto estuvo mi corazón hasta descansar en ti».

Pero yo voy a usar aquí la palabra «amor» para que sirva también mi respuesta para quienes no tienen la fortuna de creer (aunque sé que para los creyentes –y sobre todo en esta víspera de Navidad– las palabras «amor» y «Jesús» son sinónimas). Y responder que, sin despreciar ni los cambios sociales ni los cambios de estructuras, al final en la única revolución en la que creo en serio es en el descubrimiento del amor.

Para mí, la única puerta de salida de la inquietud es la creación de la pequeña fraternidad, amar a tres o cuatro personas, ser querido por tres o cuatro amigos, luchar porque sean más felices esos pocos que nos rodean en la casa, en el vecindario, en la oficina, apretarnos en la amistad como lo hacen los amantes en las noches de frío, reunirnos al fuego de las pocas certezas que nos quedan, aceptar que en los tiempos oscuros es mejor sonreír que gritar, descubrir que la peor de las carreras de armamentos es la que se produce en la fábrica interior de nuestro egoísmo. Confiar en que el amor crecerá, ya que no como una gran riada, sí, al menos, como una mancha de aceite en torno a cada uno de nosotros.

Ya sé que estoy proponiendo una minirrevolución. Pero siempre le preferiré a una revolución soñada. Y, en todo caso, estoy seguro de que la que propongo no lleva tras de sí un rastro de sangre.

## 56
# LA FAMILIA BIEN, GRACIAS

Si alguien me preguntara de qué me siento yo más satisfecho y orgulloso en mi vida, creo que no vacilaría un solo segundo para decir (dejando de lado mi fe, que ésa me la dieron más que ser mía) que de mi familia, de la casa en la que tuve la suerte de nacer y vivir. Recuerdo que el día en que mi madre murió tuve el gozo de poder decir, ante su cuerpo aún caliente, durante la homilía de su funeral, que en los treinta y cinco años que con ella había convivido no había visto en mi casa un solo día nublado; que jamás vi reñir a mis padres; y que las pequeñas tensiones, inevitables en toda la familia, nunca duraron más allá de una tormenta de verano.

Tener una suerte así, lo reconozco, es como nacer bautizado para el gozo, y ésa es la razón por la que yo presumo de invencible ante el dolor y la tristeza: sé que, me pase lo que me pase, siempre tendré tablas suficientes a las que agarrarme. Reconozco también que el hecho de haber vivido toda mi infancia en ese paraíso me ha hecho sufrir luego mucho, al comprobar que el mundo no es, precisamente, una copia de eso que a mí me enseñaron al llegar al mundo, pero, aun así, me volvería a abonar a una infancia feliz. Porque –esto ya lo he dicho dos o tres veces en este cuaderno, pero voy a repetirlo– estoy convencido de que es cierto aquello que decía Dostoievski de que «el que acumula muchos recuerdos felices en su infancia, ése ya está salvado para siempre».

Por eso quiero hoy decir a mis amigos –en este pórtico del año nuevo– que la tarea fundamental de los humanos debería ser construir familias felices. Y que eso, se diga lo que se diga, es posible. Difícil, como todo lo importante, pero posible.

Hoy, me parece, la familia está volviendo por sus fueros tras una década tonta en la que parecía ser el pim-pam-pum de todos los ataques. Los sufre también hoy, pero me parece que ya no tan orquestados como en la primera hora de nuestra transición, en la que algunos señores, disfrazados de sociólogos, nos pintaban la familia como la fuente de todos los errores. Por lo visto, los fallos de nuestra condición humana venían de lo aprendido en los hogares, en los que decían se habían dedicado a pulverizar nuestra libertad y a convertirnos en conejitos bien amaestrados. Recuerdo alguna revista que publicó en España un número entero para convencernos de que la familia, como el sindicato vertical, era una creación del régimen anterior.

Ahora aún nos cuentan cosas parecidas en ciertas series de televisión en las que no puede salir una madre que no sea o una bruja o una tonta, y en las que siempre se pinta a los hermanos como los fabricantes de zancadillas para trabar la vida de los que nacieron del mismo seno.

Lo gracioso –y lo bueno– es que la familia tiene cuerda suficiente para soportar esos ataques. Y que, mientras los sustitutivos de la familia, que se inventaron como novedosísimos hace treinta años (que si el clan, que si los *kibbutzs*, que si el «grupo» intercambiable), están ya espantosamente envejecidos, la familia, con todos sus defectos, ahí está, bien, gracias.

El doctor Marañón sonreía ante la gente que, cada cierto tiempo, teme por el hundimiento próximo de la familia: «El miedo de la sociedad pacata a que desaparezca la familia y se hunda el mundo, cada vez que éste da un estirón (una revolución) en su crecimiento, es tan antiguo como la creencia de la venida inmediata del anticristo, del fin del mundo, etc.». Yo añadiría sólo que es tan ridículo ese miedo de la sociedad pacata como las esperanzas de la sociedad «progre», pues, curiosamente, ambas coinciden en ver a la familia como algo agonizante.

Hoy los verdaderos sociólogos demuestran lo contrario: que a pesar de todos los ataques que está recibiendo, el matrimonio es más popular que nunca; que en el mundo está decreciendo el número de solteros; que los jóvenes se casan más pronto que nunca; que con todas las quiebras que hoy tiene la vida familiar, son proporcionalmente muchísimas más las que se registran en las uniones no familiares y que la mayoría de las que nacieron irregularmente tienden, antes o después, a buscar formas de regularización.

Y no es que yo piense –no puedo pensarlo aunque sólo sea porque yo lo soy– que «el hombre soltero es un mal», como decía Lin Yutang, y que «no debería tener voto en ninguna parte, ni siquiera derechos civiles, ya que el individuo humano social es la unión de hombre y mujer». No lo pienso, pero sí que sólo una muy alta vocación puede sobreponerse a la idea de crear una familia y que incluso una soltería vocacional ha de tender a crear «otra» familia, porque, en definitiva, «sólo entre todos los hombres –esto lo dijo, y con cuánta razón, Goethe– llega a ser vivido lo humano». Por fortuna, «los hombres no son islas», y «un corazón solitario no es un corazón», como pensaban Merton y Machado.

## 57

# LAS ESTRELLAS CALIENTES

¿Cómo conseguir que la familia multiplique la vida de sus miembros en lugar de dividírsela? ¿Cómo lograr que potencie su libertad sin encadenarles? ¿Cómo combinar las zonas de convivencia, que tanto necesita todo hombre, con las no menos imprescindibles de soledad? Estos son, me parece, los problemas decisivos de la vida familiar. Porque no debemos ser ingenuos y limitarnos a cantos emotivos y retóricos a la familia. Los latinos sabían muy bien lo que se decían cuando aseguraban que «la corrupción de lo mejor es lo peor». Y la familia, que es la base de lanzamiento de muchísimos genios, ha sido también, cuando se corrompía, el cepo en el que otros seres quedaban encadenados para siempre. Siempre que se juega a lo grande es mucho lo que se puede ganar, porque es mucho lo que se puede perder. De ahí que, para constituir una familia, debería la gente –dicho sea en frase vulgar– atarse muy bien los machos.

Y tal vez esto sea lo más asombroso de la Humanidad: que cuanto más importante es una cosa, menos pensamos que hay que prepararse para ella. A mí siempre me ha asombrado que se exija un título de ingeniero a quien ha de construir un puente o el de arquitecto para firmar los planos de una casa –porque alguien podría morir bajo ellos si se derrumbasen– y que, en cambio, para construir una familia, que es infinitamente más difícil, parezcan bastar un montón de sueños y mucha ingenuidad.

Y no es que uno aspire a la creación de una universidad de padres, con matrículas y exámenes, pero sí a que todo el que se case tuviera que pasar antes de hacerlo por el tribunal de la propia seriedad y la autoexigencia. ¡Porque son tantos –cada vez más– los aplastados por el hundimiento de su propia familia! Y no hablo sólo, es claro, de las familias rotas por el divorcio. Hablo de todos esos otros divorcios interiores que viven con frecuencia matrimonios aparentemente unidísimos. Hablo de los que son una yuxtaposición de soledades o una multiplicación de egoísmos. Hablo de los que conviven soportándose. Hablo de los que «poseen» a sus hijos. O de los hijos que «dominan» a sus padres. Hablo de todas esas formas de corrupción familiar en las que los unos dejan de ser trampolines para que salten mejor los demás para convertirse en cadenas de los otros.

Porque el gran misterio de toda comunidad es el de llegar a ser dos –o ser cinco, o ser doce– sin que cada uno de los miembros deje de ser uno. Tal vez nada hay más asombroso en la condición humana que ese misterio de la individualidad y la libertad de cada uno de los seres humanos: hombres todos, hechos con un molde aparentemente idéntico, pero hechos todos en realidad con moldes que se rompen después de fabricado cada uno. ¿Por qué en la misma familia es cada hijo completamente diferente de sus hermanos? ¿Cómo es que, si todos recibieron la misma educación y conocieron idéntico ambiente, reaccionan de maneras diferentes ante iguales estímulos? ¿Qué es lo que hace que el primer hijo sea tímido y el segundo extravertido? No lo sabremos jamás, el gran asombro de toda paternidad es que sólo muy en parte pueden hacerse los hijos a imagen y semejanza del progenitor. Y el otro asombro no menor es que el amor no implica igualdad de los amantes y que, incluso con frecuencia, los amores más intensos surgen en seres muy distintos entre sí.

Mas tal vez sea ésta la verdadera grandeza del amor: unir sin igualar o, si se quiere, igualar o acercar sin destruir. Y de ahí también la verdadera tragedia del fracaso de la familia: nadie puede hacernos tanto daño como los que debieron amarnos. La traición de un amigo es, en definitiva, una traición de segunda división. La de un hermano, la de un padre o la de un hijo, ésas sí tienen fuerza para destruir un alma. Los árabes lo dicen con un hermoso refrán: «El único dolor que mata más que el hierro es la injusticia que procede de nuestros familiares».

Estos deberían ser los problemas fundamentales para todo hombre. Yo he pensado muchas veces en el verdadero drama de Galileo Galilei, de quien nos han contado sus enormes descubrimientos o sus conflictos entre la ciencia y la fe, pero de quien jamás contó nadie la soledad de su mujer –Marina Gamba–, a la que abandonó en Padua cuando le ofrecieron su cátedra en Florencia, o de sus dos hijas –Livia y Virginia–, a las que encerró en un convento a los once años para poder ir a triunfar y convertirse en padre del mundo futuro. ¿Fueron felices esas tres mujeres? ¿O acaso el genio que sabía todo de las estrellas lejanas y frías no llegó a enterarse de que tenía en casa tres estrellas calientes y verdaderísimas? Porque ¿de qué nos serviría conquistar y descubrir el mundo entero si no amamos y somos amados por las tres o cuatro personas que «hemos elegido» para vivir a nuestro lado?

# 58

# FAMILIAS FELICES

Entre las muchas cartas que recibo de muchachos y muchachas jóvenes me resulta bastante fácil distinguir a los que son felices de los que no lo son porque los primeros hablan siempre bien de sus padres. Y los más afortunados no sólo me dicen que les quieren, sino también que les admiran y que sus casas son un manantial de permanente alegría.

Porque resulta que, aunque suene raro decirlo, hay familias felices. Y lo digo precisamente porque ahora no está de moda hablar de ellas. En las que llaman revistas del corazón se habla sólo de los corazones partidos o de los que se casan hoy entre mieles de publicidad que anuncian que son aspirantes a la ruptura más o menos lejana. En cambio, por lo visto, la felicidad y la fidelidad no son noticia y vende más la historia de dos que se tiran los trastos a la cabeza que la de otra pareja que se sigue queriendo y es feliz.

La culpa de la mala fama de los matrimonios la tenemos en buena parte, creo yo, los periodistas –que seguimos diciendo eso de que es noticia que un hombre muerda a un perro y no el que le quiera– y los escritores, que, como es mucho más fácil describir la historia de los desgraciados que la de los felices, han llenado la literatura de amores fracasados y almas abandonadas. Pero ¿demuestra esto que haya más matrimonios infelices que luminosos? Demuestra, en todo caso, que a los escritores les faltan agallas para atreverse a contar «historias de buenos» o que hay entre los lectores una especie masoquista más amiga de las bebidas amargas que de las dulces.

O tal vez la culpa sea también de que muchas parejas felices parecen avergonzarse de su felicidad y jamás hablan de ella. Antaño la hipocresía era fingirse malo siendo bueno. Ahora la hipocresía es inventarse dolores teniendo motivos para estallar de gozo.

Ocurre con la felicidad como con las joyas. Que la gente no se las pone para salir de noche por miedo a los ladrones. Pero eso no demuestra que la gente no las tenga. Prueba, en todo caso, que unas cuantas docenas de delincuentes son capaces de sembrar el terror entre una mayoría.

Así ocultan muchos su felicidad. Cuando un grupo de hombres se reúne y habla de eso de lo que hablan los varones cuando están solos, a todos les encanta contar sus verdaderas o supuestas aventuras, porque parece que se es más hombre habiendo acumulado muchas. Es raro el hombre que dice en público que en su casa se quieren y que las cosas les van bien, en cuanto es posible en este mundo.

Y, sin embargo, yo estoy absolutamente convencido de que el número de familias felices es muchísimo mayor que el de las desgraciadas. No hablo, naturalmente, de familias que no tengan problemas o dolores, porque eso es imposible en esta tierra. Hablo de aquellas en las que los motivos de alegría superan a los de tristeza o en las que hay fuerza suficiente en su cariño como para superar las dificultades. El dolor apenas empaña la felicidad, la ensucia el aburrimiento y la destroza el desamor. La sostiene la paz y la armonía. Y no la desarbolan las tormentas cuando hay anclas suficientes –el amor, la felicidad, el respeto, la fe– para poder esperar a que pase el vendaval. La pulveriza con frecuencia el dinero, tanto si falta como si se ambiciona. La sabe reconstruir el perdón, cuando alguno de los miembros ha incurrido en alguna, inevitable, tontería. Y consiguen la felicidad quienes recuerdan siempre que la fortuna, el éxito, la gloria, el poder, el bienestar, pueden aumentarla cuando ya se tiene, pero que darla sólo la da el cariño.

Y hay, por fortuna, muchas familias en que padres, hermanos, hijos tienen ese tesoro, el mayor y tal vez el único que vale la pena de recibir en herencia. Y existe este cariño generalmente tanto más cuanto más sencilla es la familia, porque aseguran que la felicidad es como los relojes: que cuanto menos complicados son, menos se estropean.

Pero sería necesario que estas familias felices salieran a flote para que los jóvenes no tuvieran que asumir la vida como un vaso de ricino. Sería importante lograr que no ocurra en el amor lo que en la delincuencia: que unos millares de desalmados acabaran imponiendo su violencia sobre millones de seres pacíficos. Habría que volver a poner de moda la felicidad, no para olvidarnos de los desgraciados, sino para hacer descubrir a los infelices que vamos a ayudarles a ser felices, más que para convencer a los felices de que ellos son unos tontos que ni se dan cuenta de que son desgraciados. ¿O es que no sabremos lograr que sea la felicidad y no la amargura la que resulte contagiosa?

## 59

# LA FLECHA Y EL ARCO

«Vosotros sois el arco desde el que vuestros hijos, como flechas vivientes, son impulsados hacia delante». La imagen de Kahlil Gibran no puede ser más exacta. Y yo me temo que muchos padres aún no han descubierto la enorme verdad que encierra.

El arco, el verdadero «arco» es «para» la flecha. Un arco sin flecha se convierte en algo estéril e inútil. E igualmente inútil es un arco que «quiere» tanto a la flecha que aspira a tenerla permanentemente consigo y nunca la dispara. Pues la meta de la flecha es el blanco, no el vivir acurrucada junto al arco. Si hace esto último, también la flecha se convierte en inútil y hace inútil al arco. La flecha no es el arco, es distinta de él. Tal vez el arco fue flecha antes, pero desde que es arco su función principal es ya empujar la flecha hacia adelante, hacia el futuro, lo más lejos posible. Para lanzarla deberá sufrir, tensarse, hasta que su carne de arco duela. Y vibrará con dolor en el momento de despegarse de la flecha. Sólo después de hacerlo volverá a descansar su cuerda, sabiendo ya que ha cumplido su misión de proyectar la flecha hacia su destino. Y sólo entonces se sentirá verdaderamente lleno: cuando esté vacío porque la flecha está ya en su blanco.

Curiosamente los arcos cumplen a la perfección esta tarea: no se conoce ningún arco tan enamorado de sus flechas que jamás las disparase. Pero sí se conocen muchísimos padres que se creen que sus hijos son para que los progenitores «disfruten» de ellos. Muchos que no respetan el hecho de que sus hijos sean y quieran ser distintos de ellos. Muchos que tienen como sueño central el que sus hijos sean «a imagen y semejanza suya» permanentemente, en lugar de aspirar a que sus hijos logren sacar lo mejor de sí mismos y sean ellos mismos verdaderamente.

Sigo citando a Kahlil Gibran, que lo dijo un millón de veces mejor de lo que yo sabría:

«Vuestros hijos no son hijos vuestros. Son los hijos y las hijas de la vida, deseosa de sí misma. Vienen a través vuestro, pero no vienen de vosotros. Y aunque están con vosotros, no os pertenecen. Podéis darles vuestro amor, pero no vuestros pensamientos. Porque ellos tienen sus propios pensamientos. Podéis albergar sus cuerpos, pero no sus almas. Porque sus almas habitan en la casa del mañana, en una casa que vosotros no podréis visitar ni siquiera en sueños».

Educar en libertad me parece la cosa más difícil del mundo. La más necesaria. Y es difícil porque hay padres que por afanes de libertad, no educan. Y padres que, por afanes educativos, no respetan la libertad. Hacer ambas cosas a la vez es casi como construir un círculo cuadrado. Algo que sería imposible si no existiera el milagro del amor. Algo que es aún más difícil cuando se confunde el amor con los afanes de dominio sobre la persona amada.

¿Quién no ha conocido a esos perpetuos inmaduros que siguen agarraditos a las faldas de mamá? He conocido mujeres que aún muchos años después de casadas siguen sintiéndose mucho más «hijitas» de sus padres que esposas de sus maridos y madres de sus hijos. Con lo que construyen una triple tragedia: no han acabado ellas de desarrollarse como personas; condenan a una semisoledad a su marido y carecen de fuerza para lanzar a sus hijos hacia el futuro. Y todo porque no han sabido curarse de su «hijitis» aguda o porque sus padres siguen practicando la «mamitis» enfermiza.

El verdadero mundo está siempre delante de nosotros, no detrás. Un verdadero amor es el que practica aquellos versos de Salinas a su amada: «Perdóname por ir así buscándote / tan torpemente dentro de ti. / Es que quiero sacar de ti / tu mejor tú». Querer a alguien no es sacar jugo de él, es ayudarle a que saque de sí mismo su mejor yo, a que logre empinarse sobre sí mismo, escalando a diario de un yo a otro yo mejor. Hay que amar a la gente como ama el arco a la flecha que vuela, que la ama precisamente porque sabe volar y porque se siente con fuerza para hacerla volar más deprisa y más lejos. El mejor amor es el que sabe desprenderse del amado, el que no sólo acepta, sino que facilita el que el amado vaya más lejos de él, hasta el blanco, hasta ese blanco que se va alejando cada vez que avanzamos hacia él y al que sólo se llega con la muerte. ¡Mal amor el que fabrica enanos de alma! ¡Mal amor el que divide en lugar de multiplicar! ¡Benditos, en cambio, los que entienden su propia alma como rampa de lanzamiento de otros seres: hijos, amigos, desconocidos! ¡Benditos, porque estarán verdaderamente llenos el día que alguien, impulsado por ellos, suba hacia arriba y les deje vacíos gracias a tanta fecundidad!

## 60

# LA FLECHA SIN BLANCO

Mis notas sobre «el arco y la flecha» parece que han interesado a bastantes padres. Y preocupado y hasta angustiado a algunos, que me escriben preguntándome: «¿La culpa de que la flecha (los hijos) no llegue al blanco es siempre del arco (los padres)?».

Voy a transcribir la carta de una madre que, con su espontaneidad, expone el problema mucho mejor de lo que yo sabría: «Padres y madres que están entre los cincuenta y sesenta años, que se casaron hace treinta con ideales humanos y sobrenaturales; que creían y creen que el matrimonio es un sacramento que da gracia, que querían tener hijos para el cielo y los que Dios quisiera, y que los han tenido en mayor o menor número; que han luchado con pocos medios económicos, con enfermedades, contra el ambiente; que se han esforzado en vivir cristianamente y han tratado de dar a sus hijos esa savia vital, esa formación, ese poso que parecía necesario y acorde con sus convicciones, y que… después de veintimuchos años se encuentran agotados y desalentados, pero siguen trabajando y esforzándose, tal vez por inercia, ¿o por instinto de conservación? No han sabido ser arcos que lancen esas flechas, no han sabido transmitir sus vivencias, no han sabido conseguir que sus hijos conserven la fe que mamaron. Y se encuentran con su fracaso, con su rotundo fracaso, con su desesperante fracaso. Esos niños inteligentes, sanos, llenos de vida, se ha convertido, algunos, en jóvenes abúlicos, pasotas, deprimidos, insatisfechos, tristes, escépticos, fracasados, que han perdido o están perdiendo la fe, desde luego, en los hombres, también en la Iglesia y deseo que no en Dios».

«Su cita de Kahlil Gibran es exacta, pero digo yo: ¿Es siempre el arco el que falla? No sé nada del tiro del arco, pero ¿y si llueve? ¿Y si el viento es muy fuerte? ¿Y si la oscuridad es total? Habría que abstenerse de tirar con arco, habría que no tener hijos».

Si quitamos a estos párrafos un poco de la amargura que tienen (y que yo atribuyo a un desaliento momentáneo) y si ponemos también entre interrogantes la frase final, el diagnóstico me parece perfecto. Y más extendido de lo que suele pensarse.

Porque es cierto que son muchos los padres angustiados (sobre todo los que rondan los cincuenta-sesenta años) que se preguntan hasta qué punto son ellos responsables de los fracasos de sus hijos.

Y habría que decir sin rodeo alguno que, efectivamente, si una flecha no llega al blanco puede ser por culpa de la flecha, por culpa del arco o a causa de las circunstancias.

Hay, evidentemente, arcos que disparan mal. Por ignorancia, o por falta de generosidad, o por pereza. Pero también hay flechas que fracasan, habiendo sido muy bien disparadas, y que no llegan al blanco o porque son más pesadas de lo justo, o más ligeras de lo que debieran o porque –ejerciendo su libertad– se tuercen y desvían. Y hay también tiempos históricos en los que llueve o el viento es excesivo, tiempos en los que la velocidad del cambio o los influjos ambientales pueden exigir esfuerzos reduplicados, suplementos de alma en el arco y en las flechas, para que unos y otras se realicen. ¿Cómo no reconocer que la década pasada ha sido, en nuestro país, uno de esos momentos endemoniadamente difíciles?

Pero yo creo que los problemas no se resolverán nunca si el arco se dedica a echarle la culpa a la flecha; si la flecha camufla su fracaso tras las supuestas responsabilidades del arco; o si los dos eligen la coartada de pensar que «toda» la culpa es de las circunstancias. Y creo que tampoco resuelve mucho los problemas el que el arco o la flecha se encierren masoquistamente en su amargura y crean que la solución es renunciar al tiro y elegir la infecundidad.

Más útiles me parecen algunas otras consideraciones: que los hijos descubran que si ellos fracasan hacen, en cierto modo, fracasar también a sus padres y entiendan que entonces su delito sería doble. Que los padres descubran que todo esfuerzo es siempre útil, aunque generalmente lo sea «a la larga», pues un amor y una fe bien sembrados terminarán —si los padres mantienen esa fe y ese amor— fructificando. Y que todos descubran el terrible y magnífico riesgo de la libertad.

Si Dios, al crear al hombre, hubiera pensado que no valía la pena disparar un arco cuyas flechas —muchas— se perderían, ¿habría creado a hombre? Él asumió el riesgo. Creyó en el amor y en la creación. Confió en la eficacia de la bondad. Y cuando muchos de sus hijos le fracasaron no se dejó vencer por la amargura: duplicó su amor. Gracias a ello los hombres —aun los malos— tenemos, al menos, el orgullo de llamarle Padre.

# 61

# LA VERDAD PELIGROSA

Cuentan que un jeque árabe llamó a uno de sus consejeros para pedirle que le contara lo que de él se decía en el país. Y cuentan que el consejero respondió: «Señor, ¿qué deseáis, una respuesta que os agrade o la verdad?». «La verdad –dijo el jeque–. Por dolorosa que sea». «Os la diré, señor –dijo entonces el consejero–, si me prometéis a cambio el premio que os pida». «Está concedido –dijo el jeque–. Pedid lo que deseéis, porque la verdad no tiene precio». «Me basta –dijo el consejero– uno muy pequeño: dadme un caballo... para huir en él apenas termine de decirla».

La verdad, efectivamente, «toda» la verdad es peligrosa. Pero me urge puntualizar que lo es porque debe hacer daño a quien la dice y no, como se suele pensar, a quien la escucha.

Porque la verdad se suele usar como un arma arrojadiza. Cuando alguien nos dice: «Mira, te voy a decir la verdad», uno ya sabe que nos van a decir una impertinencia. Y la cosa se pone peor cuando alguien adelanta que «va a decirnos las verdades». Con razón, el diccionario explica que «decir las verdades» es «decirle a alguien sin rebozo ni miramiento alguno cosas que le amarguen».

Pero yo no hablo aquí de esas verdades –aguijones que ordinariamente tienen muchísimo de mentira–, ya que toda la verdad mezclada con veneno se vuelve, sin más, falsa. Hablo más bien de las que duelen en la boca al decirlas, de aquellas «verdades enteras» que Bernanos definía como las «dichas sin añadirles el placer de hacer daño». Hablo de esas verdades que dejan en carne viva al que las pronuncia.

Denis de Rougemont, en el prólogo de su gran libro sobre el diablo, explica que lo escribe sabiendo que los «listos» se reirán de él y añade que lo publica, a pesar de ellos, porque le gusta escribir «libros peligrosos». Sabe muy bien que hay dos tipos de autores: aquellos para los que escribir es «sólo una picazón de la sensibilidad que se sacia rascando; es decir, emborronando papel sin preocuparse lo más mínimo por las consecuencias», y aquellos otros que «para saber de un modo más profundo siempre aceptan cierto riesgo, ya que no hay verdad cómoda de decir». ¿Por qué? «Porque todas las verdades contienen una parte de acusación respecto a nuestra vida y tienden a perturbar ese equilibrio de piadosas mentiras, tácitamente admitidas, sin las cuales la existencia se haría imposible».

Ahora creo que hemos aterrizado ya en lo que trataba de decir. Tener una verdad es como tener una llama dentro del cuerpo, algo maravillosamente doloroso. Por eso a mí me asombran los que presumen de tenerla como una casa que les protege de la lluvia o como una butaca en la que descansar. En realidad la verdad no se posee, nos posee, nos invade, nos arrastra hacia adelante.

Porque, además, la verdad «nunca» se tiene entera. Se avanza por ella como se sube a una montaña y sólo se va descubriendo en la medida en que se avanza, dejándose trozos de piel en la escalada. La verdad es, como la fe, una conquista sucesiva, un magnífico dolor.

No hace mucho una señora se me escandalizó porque yo usaba la vieja y hermosa frase de san Agustín: «Veritas, odium parit» (la verdad engendra odio). Y lo cierto es que san Agustín (y yo detrás de él) no hablábamos allí de esa verdad que en definitiva es Cristo, hablábamos de toda esa gente que se ha endurecido en lo que creen la verdad y que, tras confundirla con sus propias ideas, terminan por tratar de imponerla a punta de espada o prohibiciones. Esa verdad endurecida es la que engendra odio, la que tiene la dureza del diamante, la frialdad ardiente del infierno.

La verdad es un niño que hay que ir engendrando, cuidadosamente, con miedo de malograrlo, ofreciéndoselo a los demás como sin terminar de creer que nosotros lo hayamos parido, porque siempre nos parece más grande que su padre. Es tierna e infantil, es desvalida y se puede ofrecer como un regalo, nunca venderse.

Y, cuando se ha compartido, crece. Y deja de ser nuestra. Y ya es de todos, dispuesta a que otros la reengendren, multiplicándola, como los panes y los peces de Galilea.

Sólo entonces, cuando ha crecido por obra de muchos, empieza a descubrirse que es un reflejo de la Verdad con mayúscula. Y entonces se vuelve verdaderamente peligrosa. Pero es ya uno de esos peligros por los que vale la pena dar la vida.

## 62

# LA ESTRELLA DE LA VOCACIÓN

Si yo tuviera que decir cuál es la mayor de las bienaventuranzas de este mundo señalaría, sin vacilar, que la de poder vivir de lo que uno ama. A continuación añadiría que una segunda y formidable bienaventuranza, aunque de segunda clase, es llegar a amar aquello de lo que uno vive. Pero, curiosamente, parece que son pocos los que disfrutan de la primera y no muchos más los que conquistan la segunda. Porque charlas con la gente y casi todos te hablan mal de sus trabajos: son abogados, pero sueñan ser escritores; médicos, pero les hubiera entusiasmado ser directores de orquesta; obreros, pero habrían sido felices siendo boxeadores o futbolistas. Son pocos, en cambio, los que reconocen haber nacido para ser lo que son y los que no se cambiarían de tarea si volvieran a nacer.

Pero aún es más grave descubrir que un altísimo porcentaje de los humanos se muere sin llegar a descubrir cuál era su verdadera vocación. Y uso esta palabra en todo su alto y hermoso sentido. Porque, curiosa y extrañamente, es éste un vocablo que en el uso común se ha restringido a las vocaciones sacerdotales y religiosas, cuando en realidad «todos» los hombres tienen no una, sino varias vocaciones muy específicas.

Todos hemos sido llamados, por de pronto, a vivir. Entre los miles de millones de seres posibles fuimos nosotros invitados a la existencia. Si nuestros padres no se hubieran cruzado «aquel» día, en «aquella» esquina, o en «aquel» baile, hoy no existiríamos. Y si nuestro padre se hubiera casado con otra mujer, habría nacido «otra» persona distinta de la que nosotros somos. Alguien –decimos los creyentes– o algo –dicen los materialistas– se trenzó para que esta persona concretísima que cada uno de nosotros es llegara a la existencia. Y ésta fue nuestra primera y radical vocación: a nacer, a realizarnos en plenitud, a vivir en integridad el alma que nos dieron. Ya esto sólo sería materia más que suficiente para llenar de entusiasmo toda una existencia, por oscura y desgraciada que sea.

Fuimos, después, llamados al gozo, al amor y la fraternidad, otras tres vocaciones universales. Colocados en mundo que, aunque haya de vivirse cuesta arriba, estalla de placeres (la luz, el sol, la compañía y medio millón más), ¿cómo entender el aburrimiento de los que han llegado a convencerse de que son vegetales o animales de carga?

Y fuimos finalmente llamados a realizar en este mundo una tarea muy concreta, cada uno la suya. Todas son igualmente importantes, pero para cada persona sólo hay una –la suya– verdaderamente importante y necesaria.

Porque la vocación no es un lujo de elegidos ni un sueño de quiméricos. Todos llevan dentro encendida una estrella. Pero a muchos les pasa lo que ocurrió en tiempos de Jesús: en el cielo apareció una estrella anunciando su llegada sólo la vieron los tres Magos. Y es que –como comenta Rosales en un verso milagroso– «la estrella es tan clara que / mucha gente no la ve».

Efectivamente, no es que la luz de la propia vocación suela ser oscura. Lo que pasa es que muchos la confunden con las tenues estrellas del capricho o de las ilusiones superficiales. Y que, con frecuencia, como les ocurrió también a los Magos, la estrella de la vocación suele ocultarse a veces –y entonces hay que seguir buscando a tientas– o que avanzar por los extraños vericuetos de las circunstancias.

Y, sin embargo, ninguna búsqueda es más importante que ésta y ninguna fidelidad más decisiva. Unamuno decía que la verdadera cuestión social no es un problema de mejor reparto de las riquezas, sino un asunto de reparto de vocaciones.

Dejo aquí de lado las vocaciones a la santidad –que éstas, sí, casi siempre se realizan por caminos diversos a los lógicos y previsibles, porque ahí Dios guía casi siempre a ciegas– y me refiero a las pequeñas y cotidianas vocaciones humanas. En éstas el primer elemento decisivo es la libertad. En ningún campo son más graves las violaciones que en las decisiones del alma. Y por eso yo entiendo mal a la gente que anda «pescando» curas o médicos o poetas. Todas las grandes cosas o salen de una pasión interior o amenazan inmediata ruina.

Supone después capacidad, coraje y lucha. Una vocación no es un sueño, un capricherillo pasajero, menos un afán de notoriedad. Todas las aventuras espirituales son calvarios. Y el que se embarque en una verdadera vocación sabe que será feliz, pero no vivirá cómodo.

Supone, sobre todo, terquedad en la entrega. Un escritor que se desanima al segundo fracaso mejor es que no intente el tercero, porque no nació para eso. Sólo tiene vocación el que no sería capaz de vivir sin realizarla.

Y supone también realismo. ¡Cuántas veces una gran vocación ha de vivir «protegida» por una segunda tarea práctica que nos dé los garbanzos mientras la otra vocación construye el alma!

Pero benditos los que saben adónde van, para qué viven y qué es lo que quieren, aunque lo que quieran sea pequeño. De ellos es el reino de estar vivos.

# EL AÑO DE «TU» JUVENTUD

En esta carta que acabo de recibir su autor no ha puesto –¿por qué?– remite. Pero en el matasellos se lee. «1985. Año Internacional de la Juventud», y pienso, por un momento, que es la juventud quien me escribe. Porque los dos folios de este desconocido amigo ¡son tan terriblemente sintomáticos de tantos muchachos como conozco!

No me plantea problemas melodramáticos, pero sí uno importante: la desorientación, y otro mucho más grave: el desaliento.

Tiene mi amigo veinte años y está pasando, me dice, «el momento más negro de su vida». Terminó los estudios medios, ingresó voluntariamente en la «mili» pensando que «allí le harían un hombre» y ahora descubre que «no sólo no se ha hecho un hombre, sino que está peor que antes». Si mira hacia atrás descubre que sus padres «fueron siempre muy posesivos», que «nunca ha conseguido intimar con una chica», que tiene «un enorme complejo de inferioridad», que «la vida le aterra» y que «no sabe para dónde tirar». «De todo lo que ha hecho hasta ahora no se quedaría con nada. Está desencantado».

¿Por qué le ocurre todo esto? ¿Es que no tiene alma? ¿Son problemas económicos? ¿Le faltan ganas de vivir? No, nada de eso. «Quiero –dice– utilizar mi vida para hacer algo, no quiero ser el típico 'currante' de Banco, quiero hacer algo que salga de mí. No comprendo la vida de una persona que no haga algo que salga de él. Mis padres me quieren meter en un trabajo estable. Pero yo no sé si seguir mi vocación o buscar la seguridad de un empleo estable, de equis miles de pesetas al mes que te permitan comer, pero no vivir, pues, para mí, no es mantenerse. Lo cierto es que tengo ya veinte años y no puedo retrasar más el futuro profesional que quiero que mi vida me depare. Pero de hecho, mientras hago un cursillo de formación que no me gusta, salgo muy poco a la calle y no deseo levantarme de la cama, pues ya sé lo que el día me va a deparar. He llegado al punto de pensar que mi vida sólo se arregla con una quiniela de catorce (por favor, no se ría)».

No, amigo, no me río. Sé muy bien que tu caso es uno entre millones. Y entiendo muy bien que tu carta concluya diciéndome: «Me entran ganas de volver a tener catorce años para cambiar en ciento ochenta grados, mi vida. Todo lo que he sacado ha sido una gran timidez, indecisión, miedo, decepción, dejadez, desilusión y unas ganas tremendas de tener una chica a la que querer, aunque sé que con esta timidez no lo conseguiré nunca. Me duele no tener quince años».

Me gustaría poder decir a este muchacho unas cuantas cosas la mar de sencillas. Y la primera es que él no es un bicho raro, que etapas parecidas a la suya las hemos pasado todos, porque esas indecisiones y miedos son propios e inevitables de la inmadurez. También le diré que lo normal hubiera sido tenerlas a los quince o dieciséis años y haberlas «comenzado» a superar a los veinte, pero que, en definitiva, también los veinte son una edad estupenda para empezar.

La segunda cosa que le diría es que la clave de la solución está en él, no en echar las culpas al pasado o a los demás, ni en esperar que Dios venga a resolverle su problema. La medicina número uno tiene que ser la decisión y el coraje, «su» propio coraje.

Por de pronto ya tiene lo más importante: ve con claridad que quiere ser alguien. Ahora sólo le falta serlo, empezar humildemente a serlo.

Al principio tendrá que empezar a hacerlo entre tanteos. Sería formidable que viera de repente y con claridad qué quiere ser y qué va a ser. Lo normal es que esto se vaya iluminando progresivamente, entre fracasos. Pero debe saber que el mayor de los fracasos (tal vez el único) es no emprender nada por miedo al fracaso. Quedarse en la cama es un suicidio. Hay que empezar, aunque sea a equivocarse. Hay que buscar ese amor, aunque reciba una primera colección de calabazas.

Lo más importante es descubrir cuál es «tu» meta. Y luego buscarla con una mezcla, a partes iguales, de ilusión y realismo. Sólo con realismo te quedarás a ras de tierra. Sólo con ilusión te romperás las narices. Por eso, no desprecies el consejo de tus padres, que te aconsejan un «empleo estable». Muchas veces la mejor manera de «proteger» una vocación es «acompañarla» con un trabajo que no la deje al albur de las circunstancias. «Desde él» es más fácil saltar a lo soñado que desde el vacío.

Luego tendrás que convencerte de que jamás es tarde para empezar. Nada ganas con soñar volver a los quince años. No volverás por mucho que lo sueñes. Pero empieza ahora como habrías empezado si los tuvieras. ¡Cuántos genios del alma se despertaron no ya a los veinte, sino a los treinta o los cincuenta! Si, en cambio, te dedicas a soñar o a lamentarte, llegarás a los treinta deseando tener esos veinte que ahora te parecen tan negros.

Mira, éste es el Año de la Juventud. Que sea para ti el año de «tu» juventud. Dejemos de lado las grandes celebraciones retóricas. Pon tú en pie la tuya y ya habremos tenido un año estupendo. Y otra vez, por favor, firma tu carta, amigo.

## 64
# EL MUNDO ES RUIDOSO Y MUDO

Le han preguntado a Georg Solti, el gran director norteamericano de orquesta qué es para él el silencio. Y ha respondido: «Todo. El silencio lo es todo. No podría pensar ni vivir si hay ruido. Necesito absoluta tranquilidad para trabajar; pero, sobre todo, para vivir». ¡Qué gran verdad! Pero ¿cómo conseguir ese silencio cuando hemos tenido la terrible desgracia de vivir en la época más ruidosa de la historia?

Te montas en un taxi y tienes casi siempre la mala suerte de que el taxista lleve la radio a todo trapo. Abres la ventana de tu casa y te invade el fragor de automóviles como una ola de ruidos. No digamos si entras en una discoteca: las únicas tres veces que yo tuve que hacerlo por complacer a amigos artistas, salí con la cabeza como un bombo, aturdido y sordo. Y hasta los lugares de trabajo se han vuelto espantosos. ¡Si hasta los niños, que cuando les dejamos a su naturaleza son tranquilos y silenciosos, se han vuelto histéricos y necesitan gritar cada vez más para llamar la atención en un mundo en el que parece que todo lo importante hay que hacerlo a gritos!

Thomas Merton, el trapense, que sabía un rato de silencio, escribió una vez palabras terribles: «El estrépito, la confusión, el griterío continuo de la sociedad moderna son la expresión visible de sus mayores pecados: su ateísmo, su desesperación. Por eso los cristianos que se asocian a ese ruido, que entran en la Babel de lenguas, se convierten, en cierto modo, en desterrados de la ciudad de Dios».

Sí, eso me siento yo muchas veces: un exiliado de la soledad, un desterrado del paraíso del silencio. Y lo digo aun sabiendo que yo soy una especie de profesional de la palabra. De palabras vivo, a palabras me dedico. Pero sé muy bien que hay que estimar el silencio precisamente por amor a la palabra, porque sólo en el silencio las palabras se van volviendo esenciales; y ¡pobres de las palabras que no fueron arropadas, acunadas en un largo silencio! Si, en realidad, dijéramos sólo las cosas que hemos comprendido de veras, tendríamos muy pocas que decir. Y ¿dónde comprenderlas sino en la rumia de horas aparentemente vacías?

No es lo malo la palabra. Lo malo es el ruido, el griterío, el charlataneo de toda esa gente que habla, rebulle, se agita, porque tiene miedo de descubrir en el silencio cuán vacíos están. Lo dice estupendamente el verso que he puesto como título a mi artículo («El mundo es ruidoso y mudo»), cuyo autor no logro recordar. Porque no es que el mundo –la gente– hable: simplemente articula sonidos que nada dicen, porque nada tienen que decir.

Pero tal vez lo más grave sea preguntarse si el hombre contemporáneo no habrá perdido ya toda capacidad de guardar silencio. ¿No es cierto que el primer gesto que la mayoría de nosotros hace al entrar en su casa es enchufar el televisor o la radio? ¿No nos sentimos aterradoramente solos en una casa silenciosa? ¿No necesita la gente llevarse transistores al campo porque ni allí soporta el silencio? ¿No nos llevamos dentro todo el ruido de nuestras pasiones, de nuestras preocupaciones, toda la marejada de nuestros deseos?

Ya es difícil conseguir el silencio de la lengua y de los oídos. Casi imposible lograr el silencio de la imaginación y de las ambiciones. Milagroso entrar desnudos en nuestra alma desnuda, para encontrarnos allí con nosotros mismos, con la realidad de la vida, con Dios. Porque el verdadero silencio sólo se vuelve fecundo cuando permite un ahondamiento de la conciencia, un encuentro con lo más intenso de nosotros mismos.

¡Qué envidia siento hacia las pocas profesiones que aún exigen el silencio mientras se realizan: los médicos en los quirófanos (aunque también en ellos he visto ahora poner música, afortunadamente clásica, que puede ser una forma de ahondar el silencio), los verdaderos artistas a los que con justa razón se llama creadores, los grandes investigadores… y pocos más! Me pregunto a veces si no deberíamos incluir el ruido en la lista de los pecados. Aunque quizá sea un pecado que tiene un castigo en sí mismo. Porque va convirtiendo este mundo en un infierno provisional.

# EL FRENESÍ DEL BIEN

A un jesuita amigo mío le han regalado una cartera en cuya piel el donante había mandado repujar aquellas palabras de santa Teresa que recuerdan que «hay en la Compañía muchas cabezas perdidas por el demasiado trabajo». La santa de Ávila, desde luego, sabía lo que se decía, porque no sólo en la Compañía, sino en el mundo entero, abundan las cabezas echadas a perder por el ingenuo afán de abarcarlo todo. Hay también, naturalmente, muchísimas cabezas que se pierden por no dar golpe. Pero esto, al fin y al cabo, es natural. Lo triste es que se pierdan también gentes y cabezas estupendas que quedaron atrapadas en ese engaño que el padre Duval llamaba «el frenesí de hacer bien a los demás».

Como es lógico, no voy a decir yo aquí lo contrario de lo que tantas veces he dicho en este cuaderno de apuntes: que sólo el amor a los demás llena y justifica nuestras vidas. Pero sí voy a añadir que todas las cosas tienen su medida, que hay gente que confunde el celo con el frenesí, y que hay ciertos tipos de amor al prójimo que, precisamente por lo exagerados que son, terminan por ser una forma especialmente maligna de egoísmo. Hay, efectivamente, gentes que se entregan tanto a la actividad, a la lucha –tal vez por sus ideas, quizá por otras personas–, que no logran ocultar que lo que les ocurre es que, por dentro, están solos y vacíos y que tienen miedo a pararse para contemplar su alma, con lo que el trabajo se les vuelve una morfina porque temen que, si se parasen, se desintegrarían.

Esta enfermedad es, por ejemplo, muy típica de curas, de monjas, de algunos apóstoles seglares, que parecen medir su amor a Dios por el número de cosas que hacen. Son la gente que querría ser «más celosa que Cristo» y que se avergüenza un poco de pensar que él «perdiera» treinta años cortando maderas en Nazaret.

Es también típica de ciertos activistas políticos o pacifistas que creen que su entrega a la causa se mide por los nervios que a ella dedican, sin darse cuenta de que con ello van pasando de ser seguidores y servidores de una idea a convertirse en fanáticos de la misma. ¿Hay algo más ridículo que un pacifista que carece de paz interior y que, combatiendo la guerra, crea guerras de nervios? «El frenesí del activista –ha dicho Thomas Merton– neutraliza su trabajo por la paz. Destruye su capacidad de paz. Destruye la fecundidad de su obra, porque mata la raíz de sabiduría interior que hace fecunda la obra». Sí, nada que nazca fuera de un alma reposada es verdaderamente fecundo.

El frenesí del bien, digámoslo sin rodeos, es tan peligroso y estéril como el frenesí del mal. Y de ambos proviene un no pequeño porcentaje de neurosis.

María Germade, en el precioso libro que acaba de publicar sobre la *Depresión mental,* analiza cómo en los comienzos de su crisis «iba de un lado a otro con la idea fija de hacer más cosas en menos tiempo, creyendo que, por el hecho de hacer cosas, vivía más». «Quizá esta reacción naciera de la admiración que había sentido por las personas que repetían la frase 'no tengo tiempo para nada'. Quizá me parecieran más importantes que yo, que entonces lo tenía para todo, y quise ser como ellas».

Sí, hay que decirlo sin rodeos: la gente que dice que «no tiene tiempo para nada» realmente dice la verdad: que no hacen nada, que corren de acá para allá, que tal vez fabrican cosas y montan mandangas, pero... hacer, hacer de veras, no hacen nada sino multiplicar sus nervios y los de quienes les rodean.

Pronto reciben, además, su propio castigo cuando descubren que en ellos se realiza aquel verso terrible de Rilke: «Voy haciendo ricas todas las cosas, mientras yo me quedo cada vez más pobre». El verdadero amor es otra cosa. El que ama no pierde cuando da, al contrario: se enriquece dando. Aquel cuya alma se devalúa al entregarse, en realidad lo que entrega son sus nervios y no su alma.

Sí, defendemos la clama como fuente de toda obra bien hecha. Decía Martín Abril que «para estar bien despierto hay que estar bien dormido». Y pudo añadir que para estar bien activo hay que estar bien relajado, que los árboles necesitan su tiempo para crecer y las frutas para madurar, que no se está más vivo por el hecho material de hacer más cosas, que no hay que confundir el arte de amar o el de vivir con el de batir un récord de cien metros lisos en una olimpiada.

## 66

## LO QUE VALE ES LO DE DENTRO

Cuanto más avanzo por la vida más me convenzo de que todo lo sustancial de nuestra vida estaba «ya» en la infancia. Pero nada realmente nuevo se ha añadido a la médula de nuestra existencia.

Lo compruebo cada día más en mí (y pido perdón por hablar, una vez más, de la única existencia que conozco). Incluso el paso de los años me va descubriendo que muchas cosas que viví de niño sin entenderlas se han ido aclarando, convirtiéndose en símbolos de lo que mi vida sería, de modo que ciertas «anécdotas», que no pasaron entonces de simplemente curiosas, se han transmutado en los quicios sobre los que hoy mi alma se sostiene.

Como lo que me ocurrió aquel 19 de marzo de 1942. Tenía yo doce años y acababa de descubrir, embriagado, algo que tantos gozos me daría años después: la poesía. En las clases de preceptiva literaria nos habían enseñado a hilvanar octosílabos y endecasílabos, y me parecía que mis primeros versos eran la mayor de las riquezas imaginables. Así que, cuando llegó el santo de mi madre, no dudé un segundo en elegir mi regalo: un largo y horrendo romance (que olía por todas sus costuras a Gabriel y Galán) que copié en una larga tira de papel de barba, imitando un pergamino, até con un cordoncito rojo y coloqué en un diminuto cofrecillo de semicobre que me costó –lo recuerdo con precisión– cinco duros (aún conservo, todo roto, aquel cofre con su poema dentro y es hoy la mejor reliquia de mi casa).

Poco antes de la comida llegaron las visitas a felicitar a mi madre y, ante ellas, desplegaron mis hermanas mayores las mantelerías que para la ocasión habían bordado. Y recuerdo que, entre las visitas, estaba uno de los frailes redentoristas a cuyas misas solíamos acudir los de mi casa. Viendo los regalos de mis hermanas, alzó la vista y, con un tono que a mí me pareció la mayor de las insolencias, me lanzó un: «Y tú, ¿no le regalas nada a tu madre?».

Creo que ha sido la mayor ofensa que me han hecho en mi vida. Por lo menos a mí me dolió mucho más que todo cuanto después me ha llegado. Recuerdo que apreté con cólera los puños y que, furioso, salí de la habitación sin contestar palabra. Fui a la cocina, busqué una bandejita de alpaca y, sobre ella, coloqué mi cofrecito y volví a entrar en la habitación de las visitas, sin hablar una palabra y conteniendo mis rabiosas lágrimas.

Los reunidos, y el fraile entre ellos, comenzaron a hacer aspavientos y a lanzar gritos de admiración ante mi regalo. Pero con ello aumentaron más mi cólera y, ya sin poderme contener, mordiéndome los labios, casi grité: «Lo que vale es lo de dentro».

No recuerdo lo que ocurrió cuando leí el poemilla. Supongo que mi madre lloraría y que los reunidos me pronosticarían todas esas tonterías con las que llenamos las cabezas de los niños ante sus primeros pinitos. Pero lo que no he olvidado jamás es aquella gloriosa-grotesca frase mía, que desde entonces no ha hecho más que crecer dentro de mí, hasta convertirse en una de las claves de mi vida.

Y sólo más tarde, mucho más tarde, he logrado comprender hasta qué punto es cierto que lo único que realmente vale en nuestras vidas es lo de dentro, que no hay ninguna riqueza que venga de fuera, que la única función de nuestras vidas es llenar y estirar nuestras almas, que son vanos los triunfos, los grititos del mundo (como los de las visitas-cotorras de mi infancia), que lo único que al fin cuenta es eso que hoy tenemos tan olvidado y despreciado y que es lo que los antiguos llamaban «vida interior».

Leo en estos días uno de los libros más hermosos de mis últimos años (*Testamento espiritual*, de Lilí Álvarez, Editorial Biblia y

Fe), y en él encuentro un párrafo que me gustaría resumiera mi vida o los mejores momentos de ella:

«En estos días he empezado a estar más sosegada, sin duda por mi recuperada soledad. He vuelto a experimentar una vieja sensación: la de volver a 'poseer' mi vida. Esto es, de poseerme a mí misma. De ir poco a poco encajando mi ser 'para Dios', de hacerlo 'para él', o, por lo menos, de ir enfocándolo, pieza por pieza, en ese sentido. Crear la propia existencia, perfilarla de aquí y de allá, pero 'por dentro', cóncavamente. Detalle a detalle, limando, raspando, entresacando en un determinado diseño –no añadiendo, no aumentando–, trabajo de escultor más que de constructor. Como mi vida es más quieta, puedo ir descendiendo a sus profundidades. Como un batiscafo que lentamente se deja posar en el fondo marino».

Así me gustaría vivir: bajando con frecuencia al fondo oceánico de mi alma, para encontrarme allí; para ir encajando las piezas de mi alma que me dispersa el tiempo y las actividades externas; bebiendo de mi propio pozo; asimilando la existencia, el gozo de ser; dejando de lado las alharacas y el ruido; redescubriendo hasta qué punto es verdad que lo único que vale es lo de dentro.

# LA FANTASÍA COMO FUGA

Me escribe una desconocida amiga pidiéndome que hable alguna vez de los habitantes de otros planetas. A ella, por lo que me cuenta, le angustia la idea de si los terráqueos estaremos solos en el universo: si no habrá también otros humanos u otra especie de humanos en lejanos mundos; si estos seres habrán también pecado y, si han pecado, si habrán sido redimidos y por quién. Por lo que esta señora me cuenta, todos estos problemas rondan por su cabeza hasta obsesionarla.

Me temo que la voy a decepcionar enormemente si le digo que todos esos asuntos a mí no me preocupan en absoluto, que apenas si me interesan, que me suscitan, cuando más, una cierta curiosidad en la que, desde luego, no estoy dispuesto a invertir demasiadas horas de mi tiempo.

¿Por qué? Por una razón muy sencilla: porque creo que hay demasiados problemas sangrantes y realísimos en torno nuestro para dedicarnos a sufrir por otros hipotéticos. Porque aunque me divertiría enterarme de si hay otra redención aparte de la nuestra, ya tengo bastante tarea con esforzarme para que la que Cristo trajo llegue a mí y a la gente que me rodea. Porque una de mis grandes preocupaciones es la de la gente que, preocupada por problemas que nunca podrá resolver, deja en la estacada aquellos en los que podría realmente colaborar.

A veces, claro, también fantaseo sobre «posibilidades» y me pregunto qué tendríamos que hacer si, al llegar a Marte, nos encontrásemos allí con habitantes. Pero pienso en esto con la misma despreocupación con la que, en vísperas de Navidad, me divierto a veces fantaseando con ese premio gordo que sé perfectamente que no me va a tocar. Lo que no hago, desde luego, es dejar de trabajar fiándome de ese premio posible/imposible. Lo que no me tolero es el que ese pensamiento fantástico ocupe en mi cabeza más de esos pocos minutos en lo que voy por la calle sin mayores cosas que pensar.

Y es que, no sé por qué, tengo la impresión de que la tentación de la fantasía como forma de fuga de la realidad se está adueñando de los seres humanos. Y está siendo explotada por algunos muy hábiles comerciantes. Desde hace algunos años, no ya lo fantástico sino lo puramente fantasmagórico se ha adueñado de buena parte de los pensamientos humanos. En literatura triunfan las «historias interminables», los «zombies», los «hobbits» y los demás monstruitos más o menos amables. En los cines y en la televisión privan las guerras de las galaxias, los «gremlims», las diversas variantes de marcianos, marcianitos y comparsas de otros planetas. Hasta en lo religioso hay quien prefiere inventados Cristos astronautas a los Evangelios. Nada nuevo, en rigor. Hemos sustituido a los enanitos de Blancanieves por pequeños monstruos verdes, pero seguimos en el camino del máximo infantilismo. Con una diferencia: que antes a Caperucita la destinábamos a la tarea de llenar los años infantiles, mientras llegaba la vida plena y verdadera, y ahora luchamos por prolongar a los adultos, no la infancia, sino el infantilismo; y no la fantasía creadora y poética, sino los más cursis recursos del «tebeo».

En rigor, la gente siempre le ha tenido miedo a la realidad y ha preferido fugarse de ella a través del Coyote, de las novelas policiacas o de las historias de amor. Pero me parece que ese afán de fuga nunca ha sido tan evidente como ahora.

Los propios cristianos caen con frecuencia en esa trampa cuando se dedican a fantasear sobre la vida eterna. Hay, incluso, quienes piensan –y dicen– que la verdadera función del cristianismo no sería otra que «garantizarles» la eternidad. Y de ahí que muchos ateos acusen a los creyentes de «inventarse un Dios salvador porque no tienen el coraje de aceptar la vida que les rodea». Y se equivocan, claro, porque olvidan que Cristo dijo muy claramente que el reino de los cielos estaba ya «dentro de nosotros» y que si es muy importante el Dios que nos salvará al otro lado, no lo es menos el que nos llena ahora mismo si sabemos verle.

Por todo ello, a mí me parece maravillosa la esperanza como fuerza que tira de nosotros hacia el futuro y con ello multiplica la intensidad del presente. Pero me parece desastrosa la fantasía como fuga, como morfina para que lo que nos rodea se nos haga menos doloroso. Un hombre puede permitirse algunos «descansillos» en la tarea de vivir. Pero lo que no puede es cegarse voluntariamente y vivir en otros planetas cuando es en éste donde tenemos que trabajar. A mí, al menos, me interesa mucho más el hambre en Etiopía que la guerra de las galaxias; más lo que mis vecinos desconocen de Cristo que el saber si él murió también en Urano; más lo que no comen los parados de España que lo que pudieran comer los hombrecitos verdes de las películas. La ciencia-ficción tiene mucha ficción y muy poca ciencia, muchos colorines y poco interés. Y me parece, en dosis masivas, una droga tan peligrosa como la heroína. Con la diferencia de que ésta se reparte con todas las bendiciones entre los ingenuos.

## 68

# LA FELICIDAD ESTÁ CUESTA ARRIBA

¿Qué es más importante para el hombre: encontrar la felicidad o realizar una obra digna de su condición humana? Si en un caso vocación y felicidad se contrapusieran, ¿cuál debería elegir? ¿O acaso la única verdadera felicidad completa está en la realización de una gran obra?

Me parece que no hay preguntas más fundamentales para cualquiera que aspire a ver con claridad en su alma. Hoy me las evoca la lectura de uno de esos libros maravillosos que en este país casi nadie ha leído. Me refiero al *Cristóbal Colón* de Nikos Kazantzakis, el gran desconocido.

Hay una escena en la que, cuando Colón esta embebido en su gran sueño-locura-intuición de unas islas maravillosas que le esperan, hace el autor dialogar así a la Virgen y a Cristo:

VIRGEN: –Hijo mío, apiádate de él. ¿Por qué lo has empujado? Tú lo sabes: no existen ni las islas maravillosas, ni torres de diamantes, ni portales dorados. ¿Dónde va? Se inmola. Se pierde en vano. ¿Por qué no extiendes tu mano sobre su corazón y lo serenas?

CRISTO: –Madre, pongo mi mano sobre su corazón para enardecerlo. Sólo así el mundo puede crecer. Sólo un hombre así puede romper el bienestar, la rutina, la felicidad.

VIRGEN: –Hijo mío, apiádate de él. Sabes bien lo que le espera: la ingratitud, la enfermedad, la miseria, las cadenas. Extiende tu mano y ten compasión de él.
CRISTO: –¿Por qué compadecerlo, Madre? Lo amo. Yo lo llamé «Cristóbal» para que me tomara sobre los hombros y me pasara a través del océano. Me ha tomado. Y, desde entonces, ¡ya no acepta la felicidad!

Éste es el planteamiento perfecto. Si la felicidad se entiende como en estas líneas (como de hecho lo entiende la casi totalidad de los hombres: como chupeteo de los pequeños goces de una vida pequeña) es evidente que tal felicidad-comodidad-rutina es algo contrario a toda tarea digna de hombres.

«Hijo mío –decía Bernanos a un aprendiz de escritor–, si quieres asumir en pleno tu tarea, no olvides nunca que toda vocación es un calvario». Es cierto: no hay vocaciones cuesta abajo, nada grande se hace resbalando, toda tarea digna de ser hecha choca forzosamente con la incomprensión y probablemente con la zancadilla, la calumnia, la adversidad. El mundo, como no es honesto, odia a los que quieren serlo. La raza humana, como es mediocre, detesta a todo el que no acepta su rasero.

Es cierto que con frecuencia somos perseguidos por nuestros defectos y que todo hombre digno, ante las críticas, no debe pensar, sin más, que es criticado por sus méritos. Pero también es verdad que, después de revisada atentamente la conciencia, se comprueba con frecuencia que son la lealtad, la decisión, el coraje, el afán de construir la propia vida lo que es perseguido y calumniado.

¿Qué hacer entonces? La mayoría se acobarda ante las primeras adversidades, se amansa, se adocena, entra en el dulce redil al que los mediocres quieren conducirle, renuncia a su vocación o, cuando menos, la rebaja, echa agua a su vino, se conforma. Por eso el mundo está lleno de ex santos, de ex emperadores, de ex aspirantes-a-algo-grande. Y son todos estos «ex», resentidos consigo mismos, los que menos soportan que alguien siga allí donde ellos fracasaron hasta convertirse en los mejores expertos en zancadillas o en los más acerados inquisidores. Ya que no fueron grandes en realizar su obra, aspiran a la grandeza de impedir la realización de los demás.

Pero todo Colón del espíritu debe creer en su alma y en su sueño y debe asumir su cuesta arriba, con la lucidez de saber que pagará caro su esfuerzo: la ingratitud, la miseria, las cadenas, le esperan. Sólo «en» ellas, sólo «tras» ellas encontrará –¡por fin!– la verdadera felicidad, la que surge de la obra bien hecha y no de la comodidad.

Ninguna felicidad verdadera es barata. Y hay que desconfiar de las que nos ofrecen a bajo precio, como nos alertamos cuando en el mercado nos ofrecen fruta o pescado casi regalados: seguro que están podridos o pasados.

Me gustaría poder gritar esto a todos los muchachos que pudieran leer estas líneas: incitarles a coger su alma con las dos manos, decirles que no es ningún drama llegar a la muerte con el corazón lleno de cicatrices y que lo verdaderamente horrible es morirse habiendo estado antes muchos años muertos y vacíos.

# 69
# HISTORIA DE MI YUCA

Hace ahora cuatro años, el día de mi santo, me regalaron una yuca. Una yuca estupenda, de tres troncos, casi un pequeño bosque. No sé aún cómo se les ocurrió a aquellos amigos hacerme ese regalo porque cualquiera que me conozca sabe que soy un perfecto manazas para todo lo práctico y me siento absolutamente incapaz de cuidar un jardín, e incluso una planta. Pero la yuca era tan bonita que pronto se convirtió en lo mejor de mi terraza. Descubrí, además, que era una planta muy para mí: bastaba con regarla una vez cada semana o cada diez días e incluso podía resistir varios meses ella sola en invierno sin preocuparse demasiado de ella.

Y así es como la yuca logró vivir tres años sin mayores altibajos. Apenas se la veía crecer. Tenía más tronco que ramas y parecía destinada o condenada a vivir invariable durante meses y años.

La crisis le llegó el verano pasado. Los meses anteriores a mis vacaciones tuve más trabajo del que hubiera deseado y creo que, durante ellos, no pisé ni una sola vez la terraza, o si lo hice fue con tantas preocupaciones que ni miré una vez a la planta. Fueron, además, precisamente los días de más calor del año y el sol debió zurrar a gusto mi terraza.

Un día, al descorrer las cortinas del salón, la vi agonizante: sus ramas se habían curvado hasta tocar el suelo; sus troncos se habían vuelto blandos, fofos; muchas de sus hojas amarilleaban ya.

En ese momento me di cuenta, por primera vez, de que mi yuca era un ser vivo, ahora que la veía muriéndose. Y su agonía empezó a dolerme en algún lugar del pecho. Moría por mi culpa de padre descastado. Y, con ella, algo se quebraba en mí.

Recuerdo que la regué y aboné sin demasiada convicción, seguro de que llegaba tarde. Una amiga experta me explicó que se le había quedado pequeño el tiesto que hasta entonces la albergaba; que, con el paso del tiempo, la planta había ido comiéndose la tierra y ahora ya lo único que quedaba bajo ella era una gran maraña de raíces. Tendría que comprarle un tiesto nuevo y más grande, ponerle tierra nueva y fresca. Y debería, sobre todo, comenzar a cuidarme de ella, a quererla. Tendría incluso que hablarle, «porque también las plantas necesitan cariño».

Obedecí, supongo, por cierto complejo de culpabilidad. Descubrí que una planta se tiene o no se tiene, pero, si se tiene, hay que cuidarla, porque toda vida es sagrada. Y desde entonces comencé a visitar con más frecuencia mi terraza. Me di cuenta de que ese debería ser uno más de mis trabajos. Y creo que hasta me atreví a decirle piropos a la planta sin ponerme demasiado colorado por ello.

Y empecé a ser testigo del milagro: día a día veía cómo la yuca, más agradecida que ningún ser humano, iba enderezando sus lanzas, endureciendo sus troncos, haciendo asomar ramitas nuevas, multiplicando en longitud las que tenía.

Durante todo este año he dado a la planta el cuidado, el poquito cuidado que ella necesita. ¡Y estoy asombrado! En estos meses se me ha convertido en un verdadero bosque. Ahora sí que es lo mejor de mi casa. Quienes la ven dicen que vale un dineral, pero a mí ese dinero me importa bien poco. Lo que me encanta es verla orgullosa de vivir, brillantes las hojas, sólidos los troncos. Y hasta… con el sol de esta incipiente primaverilla le han salido dieciséis nuevos brotes, dos o tres de los cuales seguro que cuajarán en otras ramas nuevas, que van a convertir mi terraza en un jardín gozoso.

Lo que estoy contando es una historia, no una parábola que yo me esté inventando para escribir este artículo. Pero es también para mí un símbolo de muchísimas cosas. Del coraje que yo debería tener en mi vida. De las infinitas posibilidades de vida que hay en los hombres y en las plantas, sólo con que alguien se preocupe un poco de los unos y de las otras.

Me ha hecho descubrir algo que yo no había pensado: que el florecimiento de los seres vivos depende casi más del jardinero que de la misma planta y que de la tierra en la que está colocada. Poco cuidado produce mucha maravilla. Un olvido puede ser asesino.

Me ha hecho pensar que todas las cosas importantes florecen muy despacio, tardan años tal vez y hay que aceptar largos inviernos de aparente inmovilidad y estancamiento, pero que un día –no sabemos cuándo– todo amor termina por germinar y florecer.

Alguien me ha dicho que un día mi yuca terminará por dar flor, una sola flor, que llenará mi casa de un olor penetrantísimo. ¿Cuándo?, pregunto. Me dicen: «Tal vez dentro de años». Esperaré. No tengo prisa alguna. De momento estoy ya orgulloso de que mis piropos infantiles y un poco de agua hayan estallado en dieciséis brotes nuevos. Como podríamos hacer brotar en tantas almas sólo con que alguna vez las mirásemos y las quisiéramos.

## 70

# MIENTRAS CAE LA NIEVE

Ser cura es algo magnífico. Y aterrador. Porque tendría que vivirse –¿y quién es capaz?–, con el alma en carne viva. Hace unos cuantos días la tuve yo, aunque sólo fuera durante unas horas. Me habían invitado a decir una misa en un hospital oncológico y allí, ante setenta enfermos, me tocó –¡nada menos!– comentarles el Evangelio del día, aquel en el que María dice el «hágase tu voluntad». ¿Cómo, con qué derecho podía yo pedirles, precisamente a ellos, que tuvieran coraje de repetirlas? ¿Cómo podrían ellos asumir esa voluntad de Dios que parecía traslucirse en aquel trozo de espanto que les carcomía en su interior? ¡Era fácil decirlo! Pero ¿habría sabido repetirlo yo, de estar en uno de aquellos lechos, en aquellos sillones de ruedas, viniendo tal vez de una sesión de quimioterapia, olfateando ya el espectro de la muerte? ¿Cómo animarles a la esperanza sin mentir? ¡Ah!, sí, todos somos capaces de soportar de maravilla –imaginativamente– el dolor que sufren los prójimos. Todos somos magníficos «consoladores».

Y recuerdo que, mientras avanzaba en la misa –temblando ante la idea de tener que decir palabras de las que me sentía indigno–, me saltó a los ojos y a la conciencia la frase del salmo 119, que por la bondad de Dios se rezaba aquel mismo día: «La misericordia del Señor llena la Tierra». Y, como un relámpago, entendí algo que muchas veces había olfateado y nunca comprendido del todo: que lo mismo que en la naturaleza oímos claramente el estallar de la tormenta y llegamos a oír, afinando el oído, la caída de la lluvia, pero nadie logra escuchar la caída de la nieve, así también, en el campo de las almas, sentimos al detalle el estallar de la tormenta del dolor que retumba sobre nuestras cabezas y hace crujir nuestros huesos y el alma; llegamos a percibir el chirrido del tiempo que, como una lluvia, va limando nuestra vida; pero nadie logra escuchar cómo, al lado mismo del tabique de nuestro corazón, nieva incesantemente la misericordia de Dios, nos rodea, nos cubre, transformaría nuestras almas –¡si se dejaran!– como convierte la nevada en un paraíso sin estrenar los más ariscos paisajes.

Sí, es cierto, la misericordia de Dios llena la Tierra. Y nadie se entera de ello. Incluso hemos devaluado la palabra «misericordia», que es una de las que con más frecuencia y vigor usa la Biblia para hablar del amor de Dios a sus hijos. Pero así como sólo asomándose a la ventana se logra descubrir que está nevando, los más de los hombres, tabicados en su propio egoísmo, no llegan ni a sospechar hasta qué punto son amados.

Se lo dije así –y ahora sabía que no estaba engañándoles– a mis amigos cancerosos. Y lo quiero repetir hoy, en estas vísperas de Navidad, en las que parecería que la misericordia de Dios se multiplicase sobre los hombres como las nevadas. Somos amados a todas horas, pero nunca tanto. Nunca tan descaradamente como en esta estación de la ternura que son las Navidades, una especie de quinta estación de esperanza que habría que añadir a las cuatro del año.

Y yo no sé si en estos días nosotros nos sentimos más niños porque Dios es más Padre, o si Dios es más Padre porque nosotros nos sentimos más pequeños; pero sí sé que son días para abrir las ventanas del alma, para asomarse a ellas, pegar nuestras narices al cristal y ver, asombrados, cómo Dios, vuelto nieve caliente, cae sobre nosotros en forma de ternura. En el Sinaí tronaba entre relámpagos. En Belén se hace nieve silenciosa. ¡Y qué bien han entendido esto quienes –aun sabiendo que en Belén no nevaba prácticamente nunca– no imaginan que se pueda construir un nacimiento que no esté cubierto por nieve-harina! ¿Quién no ha soñado nunca que una mañana amaneceremos y el mundo estará cambiado, trasladado a un nuevo paraíso, cubiertas por la nieve la injusticia y el llanto, vueltos todos los hombres pastores y lavanderas junto al gran río de la misericordia?

Belén es, ciertamente, la más hermosa e inverosímil de las utopías. Y, sin embargo, los hombres podríamos, si no construirla, sí al menos acelerar su llegada. Porque probablemente los hombres no se sienten amados porque no les parece posible que eso sea verdad, no ven porque no esperan. Y quizá el mundo va tan mal porque todos nos hemos puesto de acuerdo en que nunca mejorará. Nos agarramos entonces a las más idiotas esperanzas. Compramos un décimo de lotería y, aunque sabemos que no nos tocará, nos engolfamos durante unas horas en los sueños de lo que vamos a hacer con ese premio que sabemos imposible.

Pero ¿quién puede creer que va a tocarle Dios, que es la única lotería que toca en todos sus números?

¿Recuerdan ustedes aquella escena de *Milagro en Milán* en la que se sortea un pollo entre un batallón de hambrientos y en la que el afortunado, cuando lo tiene ya entre las manos, no se atreve a hincarle el diente porque está seguro de que no puede ser verdad, de que tiene que tratarse de un espejismo o una ilusión? Así le ocurre al hombre contemporáneo: prefiere creer que la Navidad es una fábula, porque no le cabe en la cabeza –acostumbrado como está a tanto desamor– que alguien haya podido quererle tanto como para hacerse un semejante suyo.

Y luego están los otros, los creyentes, los que esperan sin saber esperar, los que confunden la esperanza (que es hoguera ardiente) con una espera (que es una de esas salas frías en las que nos adormilamos mientras llegan los trenes). Hay, sí, muchos cristianos que esperan a Dios como se aguarda la primavera durante el invierno: sabiendo que, por mucho que se la espere, no llegará ningún día antes de lo establecido. Y no se les ocurre que habría que esperar a Dios como una madre espera a un hijo: engendrándolo, alimentándolo dentro, haciéndole crecer en nuestra sangre, nuestra leche y nuestra vida.

Sí, esperar es engendrar. Porque el amor de Dios es una nieve que cae dentro de las almas y, en las más, se derrite antes de cuajar, porque la Tierra no está preparada para ella. Para que Dios «cuaje» en el mundo, como para engendrar, hace falta poner mucha pasión, hay que hacer fuerza como las mujeres en el parto, hay que «tirar» de él como el ginecólogo y las comadronas hacen con un recién nacido.

No podemos anticipar la primavera, pero sí podemos, entre todos, tirar –eso es el adviento– de la primavera de Dios. Si hubiéramos hecho un mundo más vividero, la nieve de Dios no se desharía al caer en él y la gente vería el amor de Dios a través de nuestro amor. Y todos los días serían Navidades. Y marcharíamos sobre la nieve de Dios dejando en ella nuestras huellas de hombres, las pisadas del alma. Y, al morir nosotros, quienes vinieran detrás pondrían sus pies en nuestras huellas y sentirían aún nuestro calor. Y nadie se sentiría huérfano.

Ahora, en esta víspera de Navidad, pienso en María. Y me gustaría engendrar el Belén como ella, temblorosa y fecunda, asombrada y certísima, engendradora y virgen, invadida por la oscuridad de la fe y por la luz de la esperanza.

Abro la ventana y sigue nevando, mansa y calladamente. Sí, la misericordia de Dios cubre la Tierra. Aleluya.

# 71
# PASCUA: CAMINO DE LA LUZ

Me parece que el lector tiene derecho, antes aún de que concluya este libro, de formularme una pregunta: pero ¿cuál es la última, la última razón de mi alegría? ¿Todo termina en lo que he dicho en este libro?

Creo que debo ser completamente honesto y explicar algunas cosas: todas las páginas que preceden han ido naciendo como artículos de periódico, y aunque yo nunca oculto ni lo que soy ni la fe que me sostiene, sí procuro que mi lenguaje en el mundo periodístico pueda ser útil, o cuando menos comprensible, para los que no tienen fe. Por ello mis artículos hablan probablemente más –o más claramente– de las esperanzas y alegrías humanas que de las que son pura gracia. Sé que las unas y las otras son inseparables y que las esperanzas cristianas suelen surgir de la raíz de las humanas. Pero sé también qué cortas y sin flor serían las humanas de no existir las otras.

Por eso no quería cerrar este libro sin hablar de esa última-última razón de mi alegría que es la Pascua del Señor. A ella se dedica este capítulo final de mi libro.

Cuentan de un famoso sabio alemán que, al tener que ampliar su gabinete de investigaciones, fue a alquilar una casa que colindaba con un convento de carmelitas. Y pensó: ¡Qué maravilla, aquí tendré un permanente silencio! Y con el paso de los días comprobó que, efectivamente, el silencio rodeaba su casa... salvo en las horas de recreo. Entonces en el patio vecino estallaban surtidores de risa, limpias carcajadas, un brotar inextinguible de alegría. Y era un gozo que se colaba por puertas y ventanas. Un júbilo que perseguía al investigador por mucho que cerrase sus postigos. ¿Por qué se reían aquellas monjas? ¿De qué se reían? Estas preguntas intrigaban al investigador. Tanto que la curiosidad le empujó a conocer las vidas de aquellas religiosas. ¿De qué se reían si eran pobres? ¿Por qué eran felices si nada de lo que alegra a este mundo era suyo? ¿Cómo podía llenarles la oración, el silencio? ¿Tanto valía la sola amistad? ¿Qué había en el fondo de esos ojos que les hacía brillar de tal manera?

Aquel sabio alemán no tenía fe. No podía entender que aquello, que para él eran puras ficciones, puros sueños sin sentido, llenara un alma. Menos aún que pudiera alegrarla hasta tal extremo.

Y comenzó a obsesionarse. Empezó a sentirse rodeado de oleadas de risas que ahora escuchaba a todas horas. Y en su alma nació una envidia que no se decidía a confesarse a sí mismo. Tenía que haber «algo» que él no entendía, un misterio que le desbordaba. Aquellas mujeres, pensaba, no conocían el amor, ni el lujo, ni el placer, ni la diversión. ¿Qué tenían, si no podía ser otra cosa que una acumulación de soledades?

Un día se decidió a hablar con la priora y ésta le dio una sola razón:

– Es que somos esposas de Cristo.

– Pero –arguyó el científico– Cristo murió hace dos mil años.

Ahora creció la sonrisa de la religiosa y el sabio volvió a ver en sus ojos aquel brillo que tanto le intrigaba.

–Se equivoca –dijo la religiosa–; lo que pasó hace dos mil años fue que, venciendo la muerte, resucitó.

–¿Y por eso son felices?

–Sí. Nosotras somos los testigos de su resurrección.

Me pregunto ahora cuántos cristianos se dan cuenta de que ése es su «oficio», que ésa es la tarea que les encomendaron el día de su bautismo. Me pregunto por qué los creyentes no «perseguimos» al mundo con la única arma de nuestras risas, de nuestro gozo interior. Me pregunto por qué a los cristianos no se les distingue por las calles a través del brillo de sus ojos. Por qué nuestras eucaristías no consiguen que salgan de las iglesias oleadas de alegría. Cómo puede haber cristianos que se aburren de serlo. Que dicen que el Evangelio no les «sabe» a nada. Que orar se les hace pesado. Que hablan de Dios como de un viejo exigente cuyos caprichos les abruman. Me pregunto, sobre todo, qué le diremos a Cristo el día del juicio, cuando nos haga la más importante de todas sus preguntas.

– Cristianos, ¿qué habéis hecho de vuestro gozo?

Porque lo mismo que los apóstoles convivieron con Cristo tres años sin acabar de enterarse de quién era aquel que estaba entre ellos y necesitaron su resurrección y, sobre, todo, la venida del Espíritu Santo para descubrirle, nosotros, veinte siglos después aún no nos hemos enterado del estallido de entusiasmo que significó su nacimiento y fue su vida.

Cuando Dios se muestra hay siempre una revelación de alegría. Su llegada al mundo estuvo rodeada de un viento de locura con el que todos los que lo conocieron quedaron trastornados –como comentó Evely–: Isabel, la estéril, da a luz; Zacarías, el incrédulo, profetiza; Juan, el no nacido, salta en el seno de su madre; José, que era sólo un hombre bueno, entiende los misterios de Dios; María, la virgen, se hace madre sin dejar de ser virgen; los pastores, los despreciados, cuya palabra no tenía siquiera valor en los juicios, se convierten en conversadores con los ángeles; los magos abandonan sus reinos, dejan su tierra y dan todo lo que tienen; Simeón, el viejo, deja de temer a la muerte. Es la alegría. Ninguno sabe explicarla. Todos la viven y se sienten inundados por ella.

Y en la vida pública de Jesús hay un viento de esperanza que crece a su paso: los apóstoles, torpes y egoístas, lo dejan todo y le siguen; Zaqueo, el rico, da su dinero a los pobres; la gente más inculta se siente embelesada oyendo la palabra de Dios y hasta se olvida de comer por seguirle; a la gente se le multiplica el pan entre las manos; el agua se vuelve vino; los enfermos bendicen a Dios;

los paralíticos se levantan bailando; los leprosos sienten reverdecer su carne; la samaritana encuentra, por fin, un agua que le quita para siempre la sed; María Magdalena abandona sus demonios y descubre la ternura de Dios; Jesús anuncia a los pobres que son felices y que podrán serlo sin dejar de ser pobres y que lo serán precisamente porque son pobres... y los pobres le entienden; hasta las aguas se calman y las tempestades cesan.

Y Jesús no se cansa de predicar el gozo:

«Os dejo mi paz, es mi paz la que yo os doy, no la que da el mundo» (Jn 14, 27).

«Os doy mi gozo. Quiero que tengáis en vosotros mi propio gozo y que vuestro gozo sea completo» (Jn 15, 11).

«Vuestra tristeza se convertirá en gozo» (Jn 16, 20).

«Si me amáis, tendréis que alegraros» (Jn 14, 27).

«No, yo no os dejaré huérfanos, yo volveré a vosotros» (Jn 14, 18).

«Volveré a vosotros y vuestro corazón se regocijará y el gozo que entonces experimentaréis nadie os lo podrá arrebatar. Pedid y recibiréis y vuestro gozo será completo» (Jn 16, 22-24).

«Esto os lo digo para que yo me goce en vosotros y vuestro gozo sea cumplido» (Jn 15, 11).

Y es el temor lo que más le disgusta en los suyos. Por eso se pasa la vida calmándoles y tranquilizándoles. «No temas recibir a María», dice el ángel a José cuando vacila en recibir a su esposa (Mt 1, 20). «No temas, cree solamente», dice Jesús al ciego que le pide ayuda (Lc 8, 50). «No temáis, pequeño rebaño», repite a los suyos (Lc 12, 32). «¿Por qué teméis, hombres de poca fe?», reprende a los apóstoles momentos antes de calmar la tempestad. «No temáis, vosotros valéis más que muchos pájaros», explica a quienes temen por sus vidas (Lc 12, 7). «Confiad, yo he vencido al mundo» (Jn 16, 33), recuerda en la última cena.

Incluso después de la resurrección tendrá que dar una tremenda batalla contra el miedo de sus apóstoles. Las piadosas mujeres van hacia la tumba con el alma aplastada por la muerte del Maestro amado con la única angustia de quién levantará la piedra del sepulcro y de sus almas. Los de Emaús han perdido ya todas sus esperanzas. Comentan que «nosotros esperábamos» que fuera el salvador de Israel, pero ya no esperan. «No temáis, soy yo», tendrá que explicar a los doce al aparecérseles, porque aún no les cabe en la cabeza la alegría, porque han podido digerir la muerte de Cristo, pero no su resurrección. Tiene forzosamente que ser, piensan, un fantasma.

¿Y hoy? Han pasado veinte siglos y aún no hemos perdido el miedo. Aún no estamos convencidos de que las cosas puedan terminar bien. Y nos hemos fabricado un Dios triste, un Cristo triste, una Iglesia triste, unos cristianos aburridos.

Cuando en una corrida de toros el público bosteza, los cronistas comentan: «La gente estaba como en misa» porque, al parecer, a la misa le van las caras largas y los rostros sin alma.

Julien Green, cuando la idea de la conversión comenzaba a rondarle la cabeza, solía apostarse a la puerta de las iglesias para ver los rostros de los que de ella salían. Pensaba: Si ahí se encuentran con Dios, si ahí asisten verdaderamente a la muerte y resurrección de alguien querido, saldrán con rostros trémulos o ardientes, luminosos o encendidos. Y terminaba comentando: «Bajan del Calvario y hablan del tiempo entre bostezos».

¿Dónde se quedó nuestra vocación de testigos de la resurrección? ¡Si hasta a los santos los hemos vuelto tristes! De ellos sólo sabemos sus mortificaciones, sus dolores. Ignoramos todo el gozo interior de encontrarse con Dios en su alma. Hemos perdido lo que Lilí Álvarez llama el «aspecto fruitivo» de la religión. Dios se nos ha vuelto insípido porque no hemos sabido descubrir su «sabor». Hemos olvidado ese «rasgo de la experiencia de Dios que es la dulzura y la bondad que rezuma mansamente de la vida cristiana».

Es bastante asombroso: la Iglesia colocó cuarenta días –la cuaresma– para prepararnos para la pasión del Señor. Y lo vivimos con relativa intensidad, hacemos ejercicios, mortificaciones. Pensamos que es nuestro deber acompañar a Cristo en sus dolores. Pero la Iglesia colocó una segunda cuarentena –que va desde la

Pascua hasta la Ascensión– para que acompañemos a Cristo en su gozo y aún no hemos encontrado la manera de celebrarla.

Rezamos –y está muy bien, es una bellísima devoción– el Via Crucis. ¿Por qué aún no hemos encontrado el Via Lucis, para acompañar a Cristo en las catorce estaciones de su gozo? Tal vez cuando llega la Pascua pensamos que ya hicimos bastante, que ya hemos rezado mucho, que Cristo no necesita compañía en sus gozos. Lo jubilamos, como dice Evely, y le mandamos al cielo con una pensión por los servicios prestados. Tal vez porque es más fácil acompañar en el dolor que en la alegría. Tal vez porque, lo mismo que buscamos compañía en nuestras penas y gozamos a solas nuestros éxitos, pensamos que la Pascua no es también «nuestro» triunfo.

Nos parece, además, que Dios tuviera «la culpa» de nuestras desgracias y que no tuviese nada que ver con nuestros motivos de alegría. Sin descubrir que él es la última raíz, la última causa de toda auténtica alegría cristiana.

La Pascua –pienso yo– debería ser la gran ocasión para hacer el repaso de la infinita serie de alegrías que apenas disfrutamos. El tiempo de descubrir que:

– *Somos dichosos porque fuimos llamados a la vida*, porque entre la infinita multitud de seres posibles fuimos elegidos nosotros, amados antes de nacer, escogidos para este milagro de vivir.

– *Somos dichosos porque fuimos llamados a la fe*, recibimos esta gracia, sin mérito alguno. Pudimos nacer en una familia de paganos o de increyentes, y ya desde el bautismo nos pusieron una señal en la frente que nos reconocía como elegidos y llamados al Evangelio.

– *Somos dichosos porque Dios nos amó primero*, porque él no esperó a saber si mereceríamos su amor y quiso empezar a amarnos antes de nuestro nacimiento.

– *Somos dichosos porque también nosotros le amamos*, bien o mal, mediocre o aburridamente, le amamos y es eso lo que engrandece y da sentido a nuestras almas.

– *Somos felices porque tenemos un Dios mucho mejor del que nos imaginábamos*. Como nosotros somos tacaños en amar, creíamos que también él era tacaño. Como nosotros amamos siempre con condiciones, pensábamos que también él regatearía.

– *Somos felices porque Cristo quiso seguir siendo hombre después de su resurrección*. Él pudo, efectivamente, vivir transitoriamente su condición de hombre, llevar la humanidad como un vestido y regresar a su exclusiva gloria de Dios cumplida su redención, pero quiso resucitar y permanecer siendo hombre además de Dios.

– *Somos felices porque, al resucitar, venció a la muerte*. Gracias a eso sabemos que la muerte ya no es definitiva, que está derrotada para siempre y que nadie ya nunca morirá del todo. Sabemos que, si resucitó él, también nosotros resucitaremos. Sabemos que nuestra historia, pase los avatares que pase, es siempre una historia que termina bien.

– *Somos dichosos porque sabemos que incluso el dolor es camino de resurrección*. Porque desde que él murió entendemos que todo dolor sirve para algo; que en sus manos ningún dolor se pierde.

– *Somos dichosos porque él sigue estando con nosotros*. Lo prometió y la suya es la única palabra que no miente jamás.

– *Somos dichosos porque él se fue delante para prepararnos un sitio*. No se fue a los cielos de vacaciones, olvidándose de los suyos; no se escapó de la lucha dejándonos a nosotros en la estacada.

– *Somos dichosos porque nos encargó la tarea de evangelizar*. Pudo hacerlo él, directamente, con su gracia. Pero quiso hacerlo a través de nuestras manos y nuestra palabra. Nos encargó también de mejorar este mundo, de acercarlo con nuestro trabajo a su reino.

– *Somos dichosos porque, al ser él nuestro hermano, nos descubrió cuán hermanos éramos nosotros*. Poco sabríamos de nuestra fraternidad, encerrados como estamos en el egoísmo. Pero él nos descubrió esa misteriosa unidad, que ni siquiera sospechábamos, de hijos comunes de un único Padre.

– *Somos dichosos porque él perdonará nuestros pecados como perdonó el de Pedro*. Era su preferido y le traicionó públicamente por tres veces. ¿Por qué no habría de perdonar también nuestras traiciones tan sólo con decirle: tú sabes que te amo?

– *Somos dichosos porque él curará nuestra ceguera como la de Tomás*. Todos estamos ciegos. Todos seguimos sin creer en su resurrección. Él cogerá nuestras manos y nos las meterá, sonriendo, en sus llagas.

– *Somos dichosos porque él avivará nuestras esperanzas muertas como las de los de Emaús*. Un día saldrá al paso de nuestro camino –no sabemos dónde, no sospechamos cuándo– y hablará y sentiremos que nuestro corazón arderá al oír su palabra.

– *Somos dichosos porque él enderezará nuestro amor como el de Magdalena*. Todos estamos llenos de amores torcidos. Pero él es experto en el arte de expulsarnos del alma nuestros siete demonios.

– *Somos dichosos porque nuestros nombres están escritos en el reino de los cielos*. Él lo aseguró. En «el libro de la vida» están ya escritos los nombres de todos los que, bien o mal, intentamos amarle.

– *Somos dichosos porque el reino de los cielos está ya dentro de nosotros*. No tenemos que pasarnos la vida esperando: crece ya en cada hombre que ama, en cada mano que se tiende, en cada lágrima que se enjuga.

–*Somos dichosos porque nos ha nombrado testigos de su gozo*, la más hermosa de las tareas, el más bendito de los oficios, la misión que debería llenarnos a todas horas los ojos de alegría.

Todo esto se hizo público la mañana de Pascua. Cuando él rompió la piedra de su sepulcro y nos mostró quién era verdaderamente: el viviente Vivo, el Dios-Hombre que es la alegría de nuestra juventud.

# VIA LUCIS - CAMINO DE LA LUZ

Durante siglos las generaciones cristianas han acompañado a Cristo camino del Calvario, en una de las más hermosas devociones cristianas: el Via Crucis.

¿Por qué no intentar –no «en lugar de», sino «además de»– acompañar a Jesús también en las catorce estaciones de su triunfo?

Esta meditación pascual es la que encierran las páginas que siguen.

### PRIMERA ESTACIÓN
### JESÚS, RESUCITANDO, CONQUISTA LA VIDA VERDADERA

Pasado el sábado, ya para amanecer el día primero de la semana, vino María Magdalena con la otra María a ver el sepulcro.

Y sobrevino un gran terremoto, pues un ángel del Señor bajó del cielo y acercándose removió la piedra del sepulcro y se sentó sobre ella.

Era su aspecto como el relámpago, y su vestidura blanca como la nieve.

De miedo de él temblaron los guardias y se quedaron como muertos.

El ángel, dirigiéndose a las mujeres, dijo: No temáis vosotras, pues sé que buscáis a Jesús, el crucificado.

No está aquí; ha resucitado, según lo había dicho. Venid y ved el sitio donde fue puesto.

(Mt 28, 1-6)

*Gracias, Señor, porque al romper la piedra de tu*
  *sepulcro*
*nos trajiste en las manos la vida verdadera,*
*no sólo un trozo más de esto que los hombres*
  *llamamos vida,*
*sino la inextinguible,*
*la zarza ardiendo que no se consume,*
*la misma vida de que vive Dios.*
*Gracias por este gozo,*
*gracias por esta Gracia,*
*gracias por esta vida eterna que nos hace*
  *inmortales,*
*gracias porque al resucitar inauguraste*
*la nueva humanidad*
*y nos pusiste en las manos esta vida*
  *multiplicada,*
*este milagro de ser hombres y más,*
*esta alegría de sabernos partícipes de tu triunfo,*
*este sentirnos y ser hijos y miembros*
*de tu cuerpo de hombre y Dios resucitado.*

## SEGUNDA ESTACIÓN
## SU SEPULCRO VACÍO MUESTRA QUE JESÚS HA VENCIDO A LA MUERTE

Muy de madrugada, el primer día después del sábado, en cuanto salió el sol, vinieron al monumento.

Se decían entre sí: ¿Quién nos removerá la piedra de la entrada del monumento?

Y mirando, vieron que la piedra estaba removida; era muy grande.

Entrando en el monumento, vieron a un joven sentado a la derecha, vestido de una túnica blanca, y quedaron sobrecogidos de espanto.

Él les dijo: No os asustéis. Buscáis a Jesús Nazareno, el crucificado; ha resucitado, no está aquí; mirad el sitio en que le pusieron.

(Mc 16, 2-6)

*Hoy, al resucitar, dejaste tu sepulcro*
*abierto como una enorme boca, que grita*
*que has vencido a la muerte.*
*Ella, que hasta ayer era la reina de este mundo,*
*a quien se sometían los pobres y los ricos,*
*se bate hoy en triste retirada vencida*
*por tu mano de muerto-vencedor.*
*¿Cómo podrían aprisionar tu fuerza*
*unos metros de tierra?*
*Alzaste tu cuerpo de la fosa como se alza una llama,*
*como el sol se levanta tras los montes del mundo,*
*y se quedó la muerte muerta,*
*amordazada la invencible,*
*destruido por siempre su terrible dominio.*
*El sepulcro es la prueba:*
*nadie ni nada encadena tu alma desbordante de vida*
*y esta tumba vacía muestra ahora*
*que tú eres*
*un Dios de vivos y no un Dios de muertos.*

TERCERA ESTACIÓN

JESÚS, BAJANDO A LOS INFIERNOS,
MUESTRA EL TRIUNFO DE SU RESURRECCIÓN

Porque también Cristo murió una vez por los pecados, el justo por los injustos, para llevarnos a Dios. Murió en la carne, pero volvió a la vida por el Espíritu y en él fue a pregonar a los espíritus que estaban en la prisión.

(1 Pe 3, 18)

*Mas no resucitaste para ti solo.*
*Tu vida era contagiosa y querías*
*repartir entre todos*
*el pan bendito de tu resurrección.*
*Por eso descendiste hasta el seno de Abraham,*
*para dar a los muertos de mil generaciones*
*la caliente limosna de tu vida recién*
    *reconquistada.*
*Y los antiguos patriarcas y profetas*
*que te esperaban desde siglos y siglos*
*se pusieron en pie y te aclamaron, diciendo:*
*«Santo, Santo, Santo.*
*Digno es el cordero que con su muerte nos*
    *infunde vida,*
*que con su vida nueva nos salva de la muerte.*
*Y cien mil veces santo*
*es este Salvador que se salva y nos salva».*
*Y tendieron sus manos*
*hacia ti. Y de tus manos*
*brotó este nuevo milagro*
*de la multiplicación de la sangre y de la vida.*

CUARTA ESTACIÓN
## JESÚS RESUCITA POR LA FE
## EN EL ALMA DE MARIA

E Isabel se llenó del Espíritu Santo,
y clamó con fuerte voz. ¡Bendita tú entre las mujeres y bendito el fruto de tu vientre!

¿De dónde a mí que la madre de mi Señor venga a mí?

Porque así que sonó la voz de tu salutación en mis oídos, exultó de gozo el niño en mi seno.

Dichosa la que ha creído que se cumplirá lo que se le ha dicho de parte del Señor.

Dijo María: Mi alma engrandece al Señor y exulta de júbilo mi espíritu en Dios, mi Salvador,

porque ha mirado la humildad de su sierva; por eso todas las generaciones me llamarán bienaventurada,

porque ha hecho en mí maravillas el Poderoso, cuyo nombre es santo.

(Lc 1, 41-49)

*No sabemos si aquella mañana del domingo*
*visitaste a tu Madre,*
*pero estamos seguros de que resucitaste*
*en ella y para ella,*
*que ella bebió a grandes sorbos el agua de tu*
    *resurrección,*
*que nadie como ella se alegró con tu gozo*
*y que tu dulce presencia fue quitando*
*uno a uno los cuchillos*
*que traspasaban su alma de mujer.*
*No sabemos si te vio con sus ojos,*
*mas sí que te abrazó con los brazos del alma,*
*que te vio con los sentidos de su fe.*
*Ah, si nosotros supiéramos gustar una*
    *centésima parte de su gozo.*

*Ah, si aprendiésemos a resucitar en ti como ella.*
*Ah, si nuestro corazón estuviera tan abierto*
   *como estuvo*
*el de María aquella mañana del domingo.*


QUINTA ESTACIÓN

JESÚS ELIGE A UNA MUJER COMO APÓSTOL
DE SUS APÓSTOLES

María se quedó junto al monumento, fuera, llorando. Mientras lloraba se inclinó hacia el monumento,
y vio a dos ángeles vestidos de blanco, sentados uno a la cabecera y otro a los pies de donde había estado el cuerpo de Jesús.

Le dijeron: ¿Por qué lloras, mujer? Ella les dijo: Porque han tomado a mi Señor y no sé dónde le han puesto.

Diciendo esto, se volvió para atrás y vio a Jesús que estaba allí, pero no conoció que fuera Jesús.

Díjole Jesús: Mujer, ¿por qué lloras? ¿A quién buscas? Ella, creyendo que era el hortelano, le dijo: Señor, si les has llevado tú, dime dónde le has puesto, y yo le tomaré.

Díjole Jesús: ¡María! Ella, volviéndose, le dijo en hebreo: «¡Rabboni!», que quiere decir Maestro.

Jesús le dijo: No me toques, porque aún no he subido al Padre; pero ve a mis hermanos y diles: Subo a mi Padre y a vuestro Padre, a mi Dios y a vuestro Dios.

María Magdalena fue a anunciar a los discípulos: «He visto al Señor», y las cosas que le había dicho.

(Jn 20, 11-18)

*Lo mismo que María Magdalena decimos hoy
    nosotros:*
*«Me han quitado a mi Señor y no sé dónde lo
    han puesto».*
*Marchamos por el mundo y no encontramos
nada en qué poner los ojos,
nadie en quien podamos poner entero nuestro
    corazón.*
*Desde que tú te fuiste nos han quitado el alma
y no sabemos dónde apoyar nuestra esperanza,
ni encontramos una sola alegría que no tenga
    venenos.*
*¿Dónde estás? ¿Dónde fuiste, jardinero del
    alma,
en qué sepulcro, en qué jardín te escondes?
¿O es que tú estás delante de nuestros mismos
    ojos
y no sabemos verte?
¿Estás en los hermanos y no te conocemos?
¿Te ocultas en los pobres, resucitas en ellos
y nosotros pasamos a su lado sin reconocerte?
Llámame por mi nombre para que yo te vea,
para que reconozca la voz con que hace años
me llamaste a la vida en el bautismo,
para que redescubra que tú eres mi maestro.
Y envíame de nuevo a transmitir tu gozo a mis
    hermanos,
hazme apóstol de apóstoles
como aquella mujer privilegiada
que, porque te amó tanto,
conoció el privilegio de beber la primera
el primer sorbo de tu resurrección.*

### SEXTA ESTACIÓN

### JESÚS DEVUELVE LA ESPERANZA A DOS DISCÍPULOS DESANIMADOS

El mismo día, dos de ellos iban a una aldea, que dista de Jerusalén sesenta estadios, llamada Emaús,

y hablaban entre sí de todos esos acontecimientos.

Mientras iban hablando y razonando, el mismo Jesús se les acercó e iba con ellos,

pero sus ojos no podían reconocerle.

Y les dijo: ¿Qué discursos son estos que vais haciendo entre vosotros mientras camináis? Ellos se detuvieron entristecidos,

y tomando la palabra uno de ellos, por nombre Cleofás, le dijo: ¿Eres tú el único forastero en Jerusalén que no conoce los sucesos en ella ocurridos estos días?

Él les dijo: ¿Cuáles? Contestáronle: Lo de Jesús Nazareno, varón profeta, poderoso en obras y palabras ante Dios y ante todo el pueblo;

cómo le entregaron los príncipes de los sacerdotes y nuestros magistrados para que fuese condenado a muerte y crucificado.

Nosotros esperábamos que sería él quien rescataría a Israel; mas, con todo, van ya tres días desde que esto ha sucedido. Nos dejaron estupefactos ciertas mujeres de las nuestras que, yendo de madrugada al monumento,

no encontraron su cuerpo, y vinieron diciendo que habían tenido una visión de ángeles que les dijeron que vivía. Algunos de los nuestros fueron al monumento y hallaron las cosas como las mujeres decían, pero a él no le vieron.

Y él les dijo: ¡Oh hombres sin inteligencia y tardos de corazón para creer todo lo que vaticinaron los profetas!

¿No era preciso que el Mesías padeciese esto y entrase en su gloria?

Y comenzando por Moisés y por todos los profetas, les fue declarando cuanto a él se refería en todas las Escrituras.

Se acercaron a la aldea adonde iban, y él fingió seguir adelante.

Obligáronle diciéndole: Quédate con nosotros, pues el día ya declina. Y entró para quedarse con ellos.

Puesto con ellos a la mesa, tomó el pan, lo bendijo, lo partió y se lo dio.

Se les abrieron los ojos y le reconocieron, y desapareció de su presencia.

(Lc 24, 13-31)

*Lo mismo que los dos de Emaús aquel día*
*también yo marcho ahora decepcionado y triste*
*pensando que en el mundo todo es muerte y*
    *fracaso.*
*El dolor es más fuerte que yo,*
*me acogota la soledad y digo*
*que tú, Señor, nos has abandonado.*
*Si leo tus palabras me resultan insípidas,*
*si miro a mis hermanos me parecen hostiles,*
*si examino el futuro sólo veo desgracias.*
*Estoy desanimado. Pienso que la fe es un*
    *fracaso,*
*que he perdido mi tiempo siguiéndote y*
    *buscándote*
*y hasta me parece que triunfan y viven más*
    *alegres*
*los que adoran el dulce becerro del dinero y del*
    *vicio.*
*Me alejo de tu cruz, busco el descanso en mi*
    *casa de olvidos,*

*dispuesto a alimentarme desde hoy en las viñas
de la mediocridad.*
*No he perdido la fe, pero sí la esperanza,
sí el coraje de seguir apostando por ti.*
*¿Y no podrías salir hoy al camino
y pasear conmigo como aquella mañana con los
dos de Emaús?*
*¿No podrías descubrirme el secreto de tu santa
Palabra
y conseguir que vuelva a calentar mi entraña?*
*¿No podrías quedarte a dormir con nosotros
y hacer que descubramos tu presencia en el Pan?*

### SÉPTIMA ESTACIÓN

### JESÚS MUESTRA A LOS SUYOS SU CARNE HERIDA Y VENCEDORA

Pasados ocho días, otra vez estaban dentro los discípulos, y Tomás con ellos. Vino Jesús, cerradas las puertas, y, puesto en medio de ellos, dijo: La paz sea con vosotros.

Luego dijo a Tomás: Alarga acá tu dedo y mira mis manos, y tiende tu mano y métela en mi costado, y no seas incrédulo, sino fiel.

Respondió Tomás y dijo: ¡Señor mío y Dios mío!

Jesús le dijo: Porque me has visto has creído; dichosos los que sin ver creyeron.

Muchas otras señales hizo Jesús en presencia de los discípulos que no están escritas en este libro;

y éstas fueron escritas para que creáis que Jesús es el Mesías, Hijo de Dios, y para que creyendo tengáis vida en su nombre.

(Jn 20, 26-31)

*Gracias, Señor, porque resucitaste no sólo con tu alma,*
mas también con tu carne.
*Gracias porque quisiste regresar de la muerte*
*trayendo tus heridas.*
*Gracias porque dejaste a Tomás que pusiera*
*su mano en tu costado*
*y comprobara que el Resucitado*
*es exactamente el mismo que murió en una cruz.*
*Gracias por explicarnos que el dolor nunca puede*
*amordazar el alma*
*y que cuando sufrimos estamos también resucitando.*
*Gracias por ser un Dios que ha aceptado la sangre,*
*gracias por no avergonzarte de tus manos heridas,*
*gracias por ser un hombre entero y verdadero.*
*Ahora sabemos que eres uno de nosotros sin dejar de ser Dios,*
*ahora entendemos que el dolor no es un fallo de tus manos creadoras,*
*ahora que tú lo has hecho tuyo*
*comprendemos que el llanto y las heridas*
*son compatibles con la resurrección.*
*Déjame que te diga que me siento orgulloso*
*de tus manos heridas de Dios y hermano nuestro.*
*Deja que entre tus manos crucificadas ponga*
*estas manos maltrechas de mi oficio de hombre.*

OCTAVA ESTACIÓN

## CON SU CUERPO GLORIOSO, JESÚS EXPLICA QUE TAMBIÉN LOS NUESTROS RESUCITARÁN

Mientras esto hablaban, se presentó en medio de ellos y les dijo: La paz sea con vosotros.

Aterrados y llenos de miedo, creían ver un espíritu.

Él les dijo: ¿Por qué os turbáis y por qué suben a vuestro corazón esos pensamientos?

Ved mis manos y mis pies, que soy yo. Palpadme y ved, que el espíritu no tiene carne ni huesos, como veis que yo tengo. Diciendo esto, les mostró las manos y los pies.

No creyendo aún ellos, en fuerza del gozo y de la admiración, les dijo: ¿Tenéis aquí algo que comer?

Le dieron un trozo de pez asado, y tomándolo, comió delante de ellos.

(Lc 24, 36-43)

*«Miradme bien. Tocadme. Comprobad que no*
 *soy un fantasma»,*
*decías a los tuyos, temiendo que creyeran*
*que tu resurrección era tan sólo un símbolo,*
*una dulce metáfora, una ilusión hermosa para*
 *seguir viviendo.*
*Era tan grande el gozo de reencontrarte vivo*
*que no podían creerlo; no cabía en sus pobres*
 *cabezas*
*que entendían de llantos, pero no de alegrías.*
*El hombre, ya lo sabes, es incapaz de muchas*
 *esperanzas.*
*Como él tiene el corazón pequeño*
*cree que el tuyo es tacaño.*
*Como te ama tan poco*
*no puede sospechar que tú puedas amarle.*
*Como vive amasando pedacitos de tiempo*
*siente vértigo ante la eternidad.*

*Y así va por el mundo arrastrando su carne*
*sin sospechar que pueda ser una carne eterna.*
*Conoce el pudridero donde mueren los muertos;*
*no logra imaginarse el día en que esos muertos*
 *volverán a ser niños,*
*con una infancia eterna.*
*¡Muéstranos bien tu cuerpo, Cristo vivo,*
*enséñanos ahora la verdadera infancia,*
*la que tú nos preparas más allá de la muerte!*

### NOVENA ESTACIÓN

## JESÚS BAUTIZA A SUS APÓSTOLES CONTRA EL MIEDO

La tarde del primer día de la semana, estando cerradas las puertas del lugar donde se hallaban los discípulos por temor de los judíos, vino Jesús y, puesto en medio de ellos, les dijo: La paz sea con vosotros.

Y diciendo esto, les mostró las manos y el costado. Los discípulos se alegraron viendo al Señor.

Díjoles otra vez: La paz sea con vosotros. Como me envió mi Padre, así os envío yo.

Diciendo esto, sopló y les dijo: Recibid el Espíritu Santo; a quien perdonareis los pecados, les serán perdonados; a quienes se los retuviereis, les serán retenidos.

(Jn 20, 19-31)

*Han pasado, Señor, ya veinte siglos de tu*
 *resurrección y todavía*
*no hemos perdido el miedo,*
*aún no estamos seguros, aún tememos*
*que las puertas del infierno podrían algún día*
*prevalecer si no contra tu Iglesia, sí contra*
 *nuestro pobre*
*corazón de cristianos.*
*Aún vivimos mirando a todos lados*
*menos hacia tu cielo.*

*Aún creemos que el mal será más fuerte que tu
   propia Palabra.*
*Todavía no estamos convencidos
de que tú hayas vencido al dolor y a la muerte.
Seguimos vacilando, dudando, caminando entre
   preguntas,
amasando angustias y tristezas.
Repítenos de nuevo que tú dejaste paz suficiente
   para todos.
Pon tu mano en mi hombro y grítame: No
   temas, no temáis.
Infúndeme tu luz y tu certeza,
danos el gozo de ser tuyos,
inúndanos de la alegría de tu corazón.
Haznos, Señor, testigos de tu gozo.
¡Y que el mundo descubra lo que es creer en ti!*


DÉCIMA ESTACIÓN

JESÚS ANUNCIA
QUE SEGUIRÁ SIEMPRE CON NOSOTROS

Los once discípulos se fueron a Galilea, al monte que Jesús les había indicado, y, viéndole, se postraron, aunque algunos vacilaron, y acercándose Jesús, les dijo: Yo estaré con vosotros hasta la consumación del mundo.

(Mt 28, 16-20)

*«Yo estaré con vosotros hasta el fin de los
   tiempos».
Ésta fue la más grande de todas tus promesas,
el más jubiloso de todos tus anuncios.
¿O acaso tú podrías visitar esta tierra
como un sonriente turista de los cielos,*

*pasar a nuestro lado, ponernos la mano sobre el*
  *hombro,*
*darnos buenos consejos*
*y regresar después a tu seguro cielo*
*dejando a tus hermanos sufrir en la estacada?*
*¿Podrías venir a nuestros llantos de visita*
*sin enterrarte en ellos? ¿Dejarnos luego solos,*
  *limitándote*
*a ser un inspector de nuestras culpas?*
*Tú juegas limpio, Dios. Tú bajas a ser hombre*
*para serlo del todo, para serlo con todos,*
*dispuesto a dar al hombre no sólo una limosna*
  *de amor,*
*sino el amor entero.*
*Desde entonces el hombre no está solo,*
*tú estás en cada esquina de las horas*
  *esperándonos,*
*más nuestro que nosotros,*
*más dentro de mí mismo que mi alma.*
*«No os dejaré huérfanos», dijiste. Y desde*
  *entonces*
*ha estado lleno nuestro corazón.*

UNDÉCIMA ESTACIÓN

JESÚS DEVUELVE A SUS APÓSTOLES
LA ALEGRÍA PERDIDA

Después de esto se apareció Jesús a los discípulos junto al mar de Tiberíades, y se apareció así:

Estaban juntos Simón Pedro y Tomás, llamado Dídimo; Natanael, el de Caná de Galilea, y los de Zebedeo, y otros dos discípulos.

Díjoles Simón Pedro: Voy a pescar. Los otros le dijeron: Vamos también nosotros contigo. Salieron y entraron en la barca, y en aquella noche no pescaron nada.

Llegada la mañana, se hallaba Jesús en la playa, pero los discípulos no se dieron cuenta de que era Jesús.

Díjoles Jesús: Muchachos, ¿no tenéis en la mano nada que comer? Le respondieron: No.

Él les dijo: Echad la red a la derecha de la barca y hallaréis. La echaron, pues, y ya no podían arrastrar la red por la muchedumbre de los peces.

Dijo entonces aquel discípulo a quien amaba Jesús: ¡Es el Señor! Así que oyó Simón Pedro que era el Señor, se ciñó la sobretúnica –pues estaba desnudo– y se arrojó al mar. Los otros discípulos vinieron en la barca, pues no estaban lejos de tierra, sino como unos doscientos codos, tirando de la red con los peces.

Así que bajaron a tierra, vieron unas brasas encendidas y un pez puesto sobre ellas y pan.

Díjoles Jesús: Traed de los peces que habéis pescado ahora.

Subió Simón Pedro y arrastró la red a tierra, llena de ciento cincuenta y tres peces grandes; y con ser tantos, no se rompió la red.

Jesús les dijo: Venid y comed. Ninguno de los discípulos se atrevió a peguntarle: ¿Tú quién eres?, sabiendo que era el Señor.

Se acercó Jesús, tomó el pan y se lo dio, e igualmente el pez.

Esta fue la tercera vez que Jesús se apareció a los discípulos después de resucitado de entre los muertos.

(Jn 21, 1-14)

*Desde que tú te fuiste no hemos pescado nada.*
*Llevamos veinte siglos echando inútilmente las*
 *redes de la vida*
*y entre sus mallas sólo pescamos el vacío.*
*Vamos quemando horas y el alma sigue seca.*

*Nos hemos vuelto estériles*
*lo mismo que una tierra cubierta de cemento.*
*¿Estaremos ya muertos? ¿Desde hace cuántos años*
*no nos hemos reído? ¿Quién recuerda*
*la última vez que amamos?*
*Y una tarde tú vuelves y nos dices: «Echa tu red*
    *a tu derecha,*
*atrévete de nuevo a confiar, abre tu alma,*
*saca del viejo cofre las nuevas ilusiones,*
*dale cuerda al corazón, levántate y camina».*
*Y lo hacemos, sólo por darte gusto. Y, de*
    *repente,*
*nuestras redes rebosan alegría,*
*nos resucita el gozo*
*y es tanto el peso de amor que recogemos*
*que la red se nos rompe, cargada*
*de ciento cincuenta nuevas esperanzas.*
*¡Ah, tú, fecundador de almas: llégate a nuestra*
    *orilla,*
*camina sobre el agua de nuestra indiferencia,*
*devuélvenos, Señor, a tu alegría!*

## DUODÉCIMA ESTACIÓN
### JESÚS ENTREGA A PEDRO EL PASTOREO DE SUS OVEJAS

Cuando hubieron comido, dijo Jesús a Simón Pedro: Simón, hijo de Juan, ¿me amas más que éstos? Él le dijo: Sí, Señor, tú sabes que te amo. Díjole: Apacienta mis corderos.

Por segunda vez le dijo: Simón, hijo de Juan, ¿me amas? Pedro le respondió: Sí, Señor, tú sabes que te amo. Jesús le dijo: Apacienta mis ovejas.

Por tercera vez le dijo: Simón, hijo de Juan, ¿me amas? Pedro se entristeció de que por tercera vez le preguntase: ¿Me amas? Y le dijo: Señor, tú lo sabes todo, tú sabes que te amo. Díjole Jesús: Apacienta mis ovejas.

(Jn 21, 15-17)

*Aún nos faltaba un gozo: descubrir tu inédito*
   *modo de perdonar.*
*Nosotros, como Pedro, hemos manchado tantas*
   *veces tu nombre,*
*hemos dicho que no te conocíamos,*
*hemos enrojecido ante el «horror» de que*
   *alguien nos llamara*
*«beatos»,*
*nos hemos calentado al fuego de los gozos del*
   *mundo.*
*Y esperábamos que, al menos, tú nos*
   *reprenderías*
*para paladear el orgullo de haber pecado en*
   *grande.*
*Y tú nos esperabas con tu triste sonrisa*
*para preguntar sólo: «¿Me amas aún, me*
   *amas?»,*
*dispuesto ya a entregarnos tu rebaño y tus*
   *besos,*
*preparado a vestirnos la túnica del gozo.*
*Oh Dios, ¿cómo se puede perdonar tan de veras?*
*¿Es que no tienes ni una palabra de reproche?*
*¿No temes que los hombres se vayan de tu lado*
*al ver que se lo pones tan barato?*
*¿No ves, Señor, que casi nos empujas a alejarnos*
   *de ti*
*sólo por encontrarnos de nuevo entre tus*
   *brazos?*

## DECIMOTERCERA ESTACIÓN
## JESÚS ENCARGA A LOS DOCE LA TAREA DE EVANGELIZAR

Los once discípulos se fueron a Galilea, al monte que Jesús les había indicado,

y, viéndole, se postraron, aunque algunos vacilaron,

y, acercándose Jesús, les dijo: Me ha sido dado todo poder en el cielo y en la tierra;

id, pues; enseñad a todas las gentes, bautizándolas en el nombre del Padre y del Hijo y del Espíritu Santo,

enseñándoles a observar todo cuanto yo os he mandado.

(Mt 28, 16-20)

*Y te faltaba aún el penúltimo gozo:*
*dejar en nuestras manos la antorcha de tu fe.*
*Tú habrías podido reservarte ese oficio,*
*sembrar tú en exclusiva la gloria de tu nombre,*
*hablar tú al corazón,*
*poner en cada alma la sagrada semilla de tu amor.*
*¿Acaso no eres tú la única palabra?*
*¿No eres tú el único jardinero del alma?*
*¿No es tuya toda gracia?*
*¿Hay algo de ti o de Dios que no salga de tus*
*    manos?*
*¿Para qué necesitas ayudantes, intermediarios,*
*    colaboradores*
*que nada aportarán si no es su barro?*
*¿Qué ponen nuestras manos que no sea torpeza?*
*Pero tú, como un padre que sentara a su niño al*
*    volante y dijera:*
*«Ahora conduce tú», has querido dejar en*
*    nuestras manos*
*la tarea de hacer lo que sólo tú haces:*
*llevar gozosa y orgullosamente*
*de mano en mano la antorcha que tú enciendes.*

## DECIMOCUARTA ESTACIÓN
## JESÚS SUBE A LOS CIELOS
## PARA ABRIRNOS CAMINO

Diciendo esto, fue arrebatado a vista de ellos, y una nube les sustrajo a sus ojos.

Mientras estaban mirando al cielo, fija la vista en él, que se iba, dos varones con hábitos blancos se les pusieron delante

y les dijeron: Hombres de Galilea, ¿qué estáis mirando al cielo? Ese Jesús que ha sido arrebatado de entre vosotros al cielo vendrá como le habéis visto ir al cielo.

Entonces se volvieron del monte llamado Olivete a Jerusalén, que dista de allí el camino de un sábado.

Cuando hubieron llegado, subieron al piso alto, en donde permanecían Pedro y Juan, Santiago y Andrés, Felipe y Tomás, Bartolomé y Mateo, Santiago de Alfeo y Simón el Zelotes y Judas de Santiago.

Todos éstos perseveraban unánimes en la oración con algunas mujeres, con María, la Madre de Jesús, y con los hermanos de éste.

(Hech 1, 9-14)

*La última alegría fue quedarte marchándote.*
*Tu subida a los cielos fue ganancia, no pérdida;*
*fue bajar a la entraña, no evadirte.*
*Al perderte en las nubes*
*te vas sin alejarte,*
*asciendes y te quedas,*
*subes para llevarnos,*
*señalas un camino,*
*abres un surco.*
*Tu ascensión a los cielos es la última prueba*
*de que estamos salvados,*
*de que estás en nosotros por siempre y para*
*siempre.*

*Desde aquel día la tierra
no es un sepulcro hueco, sino un horno
    encendido;
no una casa vacía, sino un corro de manos;
no una larga nostalgia, sino un amor creciente.
Te quedaste en el pan, en los hermanos, en el
    gozo, en la risa,
en todo corazón que ama y espera,
en estas vidas nuestras que cada día ascienden a
    tu lado.*

CARDINAL BERAN LIBRARY
ST. MARY'S SEMINARY

3 3747 00059 4488

BX 2350.2 .M3458 v.2 2002
Martéín Descalzo, José
 Luis, 1930-
Razones para la alegría

| DATE DUE | | |
|---|---|---|
| | | |
| | | |
| | | |
| | | |
| | | |
| | | |
| | | |
| | | |
| | | |
| | | |
| | | |
| | | |

066369

CARDINAL BERAN LIBRARY
ST. MARY'S SEMINARY
9845 Memorial Drive
Houston, Texas  77024